AF460080

ÉTUDES

SUR

DENIS FAUCHER,

Moine de Lérins,

PAR M. MOUAN, AVOCAT,
Sous-Bibliothécaire, Secrétaire-perpétuel de l'Académie
des Sciences, Agriculture, Arts et Belles-Lettres d'Aix.

AIX,
IMPRIMERIE DE VEUVE TAVERNIER,
Rue du Collège, 20.

1847.

ÉTUDES

SUR

DENIS FAUCHER,

Moine de Lérins.

I.

Parmi tous ces écrivains du seizième siècle, qui répandirent un si vif éclat sur le règne de François Ier, nos auteurs de biographie n'ont assigné qu'une place fort modeste, dans leurs volumineuses compilations, au moine Denis Faucher. A l'exception de dom Vincent Barral qui nous a conservé les divers écrits de Faucher, dans sa chronologie de Lérins (1),

---

(1) Chronologia Sanctorum et aliorum virorum illustrium, ac abbatum sacræ insulæ Lerinensis, a domno Vincentio Barrali, Salerno

à l'exception encore d'un chroniqueur italien (1) auquel nous sommes redevables de quelques particularités sur la vie de notre religieux, on chercherait vainement ailleurs une analyse raisonnée, une juste appréciation des écrits d'un homme célèbre à plus d'un titre. En effet, Denis Faucher, qui fut notre compatriote, ne se renferma point dans les profondeurs d'un cloître pour y demeurer inconnu à ses semblables et comme absorbé par la contemplation des choses divines. Loin de là, tout en opérant de salutaires réformes dans plusieurs maisons religieuses par sa piété, sa prudence et son étude constante des règles de la vie monastique, tout en prêchant au peuple les vérités de la foi, il entretint une correspondance active avec des notabilités de son époque, avec les cardinaux du Bellay et Cortèse, avec Charles de Sainte-Marthe et Sadolet; il composa des poésies latines que le siècle d'Auguste n'eût pas désavouées, et il écrivit sur les annales de Provence un ouvrage curieux, demeuré manuscrit.

Tels sont les titres par lesquels Faucher se recommande à notre examen. Quant aux matériaux

---

monacho Lerinense, in unum compilata cum annotationibus ejusdem. MDCXIII, Lugduni, Pet. Rigaud, in-4°.

(1) Memorie istorico-critiche intorno la vita e gli scriti di Dionisio Faucher, monacho Benedettino-Casinese (J. A. Gradenigo autore) insérés dans le tome V, pag. 259 et suiv. des Nuova raccolta d'opuscoli scientifici e filologici d'Ange Calogiera. In Venezia, 1759, in-12.

dont je me suis aidé pour la rédaction de cette notice, je les ai puisés dans les ouvrages même et surtout dans les épîtres de l'illustre religieux. C'est là que se montrent dans tout leur jour, son âme, ses actions, sa vie entière, en un mot tout ce qui est le plus propre à nous intéresser, en nous livrant à ces études.

Denis Faucher naquit à Arles en 1487 (1) d'une ancienne et honorable famille, originaire de Bourgogne (2). Encore enfant il annonçait par ses sentiments de piété et son application à l'étude ce qu'il devait être un jour. Il dit lui-même, quelque part, que, dès l'âge le plus tendre, il fut passionné pour trois choses : les lettres, la peinture et la vie monastique. Ses parents auraient voulu qu'il occupât dans le monde le rang où l'appelait sa naissance, mais tous leurs efforts vinrent échouer devant la détermination bien arrêtée du jeune Faucher, de se consacrer au Seigneur. Un jour il dit a dieu à sa patrie, à sa famille, à toutes les vanités au moyen desquelles on espérait enchaîner sa résolution et il se dirigea modestement vers le monastère de Saint-

---

(1) Nuova raccolta, tom. v, pag. 259, Armellini Bibliot. Bened. Casin., pars prima, pag. 150. Faucher, dans une de ses léttes, datée de 1561, avoue qu'il a près de 75 ans (D. Barral. p. 265), il faudrait alors placer la naissance en 1486.

(2) Robert de Brianson, tom. II, pag. 53

Benoit-de-Poliron, au territoire de Mantoue, pour y revêtir l'humble habit de religieux (1).

Cette pieuse retraite que l'illustre comtesse Mathilde, souveraine de la Toscane, avait comblée de ses bienfaits (2), jouissait alors d'une grande célébrité à cause de la sainteté et de la science de ses habitants. Elle était une dépendance de l'abbaye du Mont-Cassin, fondée par Saint-Benoit en 529, sur les débris d'un temple d'Apollon. Le Mont-Cassin fut le berceau des ordres religieux dans les contrées de l'Occident et son souvenir se rattachera toujours dignement à l'histoire des lettres, des sciences et des arts, au milieu du naufrage de la civilisation.

Entouré dans ce saint asyle d'hommes aussi recommandables par leur piété, que par une profonde connaissance des lettres grecques et latines, le jeune Faucher se sentit entraîner avec encore plus de force vers ses inclinations naturelles. Parmi les religieux qui lui montrèrent le plus sincère attachement, était Grégoire Cortèse, devenu dans la suite prieur de Lérins, puis cardinal et désigné pour assister au fameux colloque de Worms entre les catholiques et les protestants. Mais rien ne devait plus mettre obs-

---

(1) Nuova raccolta, p. 260.

(2) Abbatiarum Italiæ brevis notitia auth. P. August. Lubin, ord. eremit. S. Augustini. Romæ, 1693, in-4°, pag. 267.

tacle aux fervents désirs de Faucher et il prononça ses vœux solennels le 3 mai 1508 (1).

Bientôt l'autorité de ses exemples, la vivacité et la prompte décision de son esprit lui obtinrent de nombreux disciples dont le soin lui fut spécialement confié. Il se dévoua pendant deux années à ces pénibles fonctions d'instituteur (2) ; il ne formait pas seulement à la connaissance des belles-lettres, mais il initiait encore à la pratique de toutes les vertus la jeunesse studieuse dont il était plutôt le père, que le maître, et Faucher dut être au seizième siècle un modèle parfait d'éducation religieuse et littéraire. Il écrivait à Cortèse : « Puisque vous voulez que je vous rende compte de nos études, apprenez que nous avons expliqué le poëme d'Actius Sincerus (pseudonyme de Sannazar) sur l'enfantement de la Vierge et le Traité de l'amitié de Cicéron : Mes leçons attirent de nombreux auditeurs et je suis tout étonné de l'ardeur de ces jeunes gens. On dirait qu'ils rivalisent avec moi dans l'accomplissement de leurs devoirs et qu'ils s'efforcent de faire disparaître de mes fonctions tout ce qu'elles peuvent offrir de fastidieux (3). »

(1) Nuova raccolta, ibid.— D. Barral dit que Faucher fit profession le 5 des calendes de mai, jour de l'Invention de la Sainte Croix. Il y a là une erreur manifeste.

(2) Nuova raccolta, pag. 261.

(3) Prælegimus autem (quoniam tibi studiorum nostrorum rationem

Mais le mérite de Faucher devait se produire au grand jour sur un plus vaste théâtre. Aussi ses supérieurs lui confièrent-ils le soin d'apporter de salutaires réformes d'abord dans le monastère de Lérins, et plus tard, dans celui de Saint-Honorat à Tarascon. C'est en donnant le précepte et l'exemple, et soutenu par la protection divine, dit alors humblement Faucher, que je m'efforcerai de remplir une si délicate mission (1).

Ceci se passait en 1515 ; cette célèbre abbaye de Lérins qui fut pendant de longues années un des plus puissants boulevards du christianisme, avait vu se glisser dans sa discipline ecclésiastique un déplorable relâchement. Pour en prévenir les suites funestes, Augustin Grimaldi, évêque de Grasse et abbé de Lérins, voulut soumettre ce monastère à la congrégation des bénédictins du Mont-Cassin. Léon X approuva ce projet et François 1er donna aussi son adhésion au moyen de lettres patentes du 14 avril 1515, en vertu desquelles René de Savoie

---

postulas explicari) carmen Actii Sinceri de partu virginis . . . . Præterea Ciceronis librum de amicitia. Quibus lectionibus multi intersunt, et mirum est quanto in his amore ac studio sese juventus exerceat, beneficiis etiam mecum certant et pro suo quisque officio nititur, quo mihi laboris hujus tædium sublevet...... Mense decembri ex agro Mantuano. — D. Barral, p. 276.

(1) Nuova raccolta, pag. 263, 264.

gouverneur et grand sénéchal de Provence opéra la réunion (1).

Faucher mit de suite la main à l'œuvre et il eut le bonheur d'être parfaitement secondé dans ses divers plans de réforme par les religieux eux-mêmes, sur l'esprit desquels il exerçait tout l'ascendant de l'exemple, joint aux instructions. Il se plaisait avant tout à retracer la vie des saints et anciens moines de Lérins, ces modèles qu'on ne pouvait se dispenser d'imiter, sans être déclaré indigne d'habiter cette sainte maison ; il joignait à ce pieux exercice l'explication des écritures, celle notamment des épîtres de l'apôtre des nations (2).

Le zélé réformateur ne devait pas triompher aussi facilement de tous les obstacles qu'il rencontra, lorsqu'il fut appelé à introduire l'ordre et la discipline dans le monastère de Saint-Honorat de Tarascon : Ce monastère, uni à celui de Lérins, avait été établi en 1358 par Jacques Gantelmi, en exécution d'un vœu fait par son père, après le massacre des vêpres siciliennes. Suivant la charte de fondation (3), le couvent de Saint-Honorat se composait de trente religieuses, sous la direction d'une abbesse et de

---

(1) Nuova raccolta, pag. 267. — Histoire des ordres monastiques, etc., par Helyot et Bullot, t. v, p. 122.

(2) Nuova raccolta, pag. 263. — D. Barral, pag. 222.

(3) Relatée dans la Gallia christiana, tom. 1, pag. 891.

huit moines de Lérins. A l'époque où nous sommes placés, cette maison avait subi la destinée commune à tant d'autres monastères, et pour dépeindre en un seul mot l'état où elle se trouvait réduite, il suffira de dire que les religieuses ne conservaient de leur institution autre chose que l'habit (1).

Faucher fut donc tiré de sa chère retraite de Lérins par de puissantes sollicitations, celles notamment du cardinal du Bellay, alors abbé de Lérins et successeur d'Augustin Grimaldi, mort en 1532. L'œuvre qu'il allait entreprendre était pénible, délicate; mais qu'importaient les difficultés, si elles devaient amener à leur suite quelque heureux résultat? La main de Dieu ne devait-elle pas encore le soutenir dans ses efforts comme à Lérins? Les commencements de son administration furent assez paisibles, mais quand il songea sérieusement à vouloir extirper les abus dans leurs racines les plus profondes, Faucher devint en butte à tous les dégoûts, à toutes les contrariétés, à toutes les calomnies que le génie du mal est capable d'enfanter. Une lettre qu'il adressait au cardinal du Bellay, le 10 juin 1537, dépeint le triste état de son âme, avec la plus sombre énergie :

« Depuis quelque temps je fais la triste expérience de ce passage des saintes écritures : la vie de

(1) Nuova raccolta, pag 264.

l'homme sur la terre est un combat continuel....... Je m'efforçais de rétablir dans son ancien état ce monastère de Tarascon, déjà je me flattais d'arriver bientôt au port, favorisé du secours du ciel et de votre protection; mais tout-à-coup le vent de la discorde a soufflé avec plus de violence que jamais et m'entraîne de nouveau dans l'arène pour y soutenir de pénibles combats. Il est donc vrai qu'il existe des hommes assez pervers pour arriver au but de leurs désirs n'importe par quels moyens !.......... Ils ont d'abord salué mon arrivée par des félicitations qui cachaient le poison sous des fleurs, mais dès qu'ils ont vu que je ne me laissais point séduire par leurs fausses caresses et que ma conscience était inflexible, ils ont voulu m'effrayer par leurs calomnies; j'ai été représenté comme un loup ravisseur introduit dans la bergerie, etc. (1). »

---

(1) Militiam esse vitam hominis super terram, tum scripturæ ipsius testimonio, tum meo ipsius magno incommodo sæpius sum expertus. ..... Cum jamjam in hoc Tharasconensi collegio rem monasticam longa dudum ut scis ignavia et veterno dejectam instaurare erigereque contendimus, cumque jam aspirante nobis cœlesti auxilio in altum prospera navigatione sub nominis tui autoritate provehimur, ecce de improviso quibusdam quasi reflantibus ventis ab instituto cursu revocati in solitam rursus arenam descendere et acta etiam agere cogimur. Neque unquam in animum inducere potuisset tantam inesse in quorumdam hominum mente nequitiam, ut dum efficiant quod volunt, id quibus modis assequantur, nihil pensi habeant.......... Et primo quidem blandis sed venenatis alloquiis compellantes gratulabantur scilicet quod sibi rector contigissem, sed cum frustra blandi-

Ces plaintes sont reproduites d'une manière plus amère encore dans une épître adressée à un illustre sénateur du monastère de Poliron. Il paraîtrait même que ce personnage aurait ajouté quelque croyance à des inculpations dont la grossièreté démontrait à elle seule toute l'invraisemblance :

« Mes ennemis ont accumulé sur ma tête des crimes que je ne soupçonnais même pas ; ils m'ont représenté comme un séducteur des vierges consacrées au Seigneur, comme un dilapidateur des finances du monastère... N'a-t-on pas prétendu aussi qu'adepte de la magie, j'avais fait un pacte avec le démon pour découvrir des trésors enfouis sous des ruines !.... Et vous homme éminent, vous avez prêté l'oreille à de telles impostures ; mais plus on redouble de violence pour m'expulser du monastère, plus je demeure inébranlable... Dussiez-vous m'être toujours hostile, je n'éprouverai point pour cela aucun sentiment de haine contre vous (1). »

Animé de ces saintes dispositions, Faucher n'opposa plus que le silence, l'étude et la plus sévère

---

tiarum mihi insidias tetendissent....... Me pudicitiæ eversorem dictantes oves lupo commissas querebantur..... — D. Barral, pag. 282.

(1) .... Flagitiorum portenta et alia multa ejusmodi cum in me sœpius congererentur, nimirum ut me ab instituto depellerent.. ..... Ego contra oblato mihi terrore in dies eram constantior, etc. — D. Barral, p. 336. Cette lettre n'est point datée.

règle de conduite aux calomnies de ses ennemis; avant tout, il apportait une persévérance opiniâtre dans ses plans de réforme, et après des peines inouïes, il vit se réaliser en partie l'objet de ses vœux les plus chers, puisqu'il obtint que celles des religieuses qu'importunait toute idée de réforme se retireraient dans un autre monastère. Il annonçait au cardinal du Bellay cet heureux changement, le jour des calendes de décembre 1538, puis il ajoutait : « J'ai établi deux classes de religieuses dans le monastère : la première comprend celles peu familiarisées encore avec leur nouvel état et ne méditant les choses divines que d'une manière imparfaite ; la seconde classe ne compte que des religieuses marchant avec rapidité dans la voie de la perfection (1). »

Dans une lettre adressée à Cortèse, le jour des nones de février 1542, Faucher nous initie à une foule de particularités, aussi curieuses qu'intéressantes, sur l'administration intérieure du monastère de Saint-Honorat :

« Après de longs et pénibles travaux, je suis heureusement plus tranquille. Celles qui résistaient à mes instantes prières ont déserté le monastère à peu

---

(1) Si de monalium statu scire cupis, duas in monasterio classes videas, earum quæ vetustate diutius assuetæ in mente veteri nova vix possunt meditari, et aliarum quæ novum hominem induere cupientes sese ad ejus exemplar conantur effingere. — D. Barral, p. 280.

près comme des bêtes féroces qui brisent leur chaîne..., les autres s'appliquent constamment et la nuit et le jour, à se rendre agréables à Dieu par la chasteté des mœurs et la pratique de toutes les vertus. Les belles-lettres ne leur sont point étrangères et elles parcourent nos auteurs avec autant de facilité qu'elles tournent leurs fuseaux. Nous lisons les lettres de Saint-Cyprien et de Saint-Jérôme, nous cherchons dans Saint-Ambroise et dans d'autres pères les divers passages qui présentent le plus de conformité avec notre état. Déjà elles récitent, d'après mes ordres, les offices de Cicéron et plusieurs proverbes de Salomon. Peut-être me faira-t-on encore un crime de ces exercices, tout ce que je puis dire, c'est que nos travaux littéraires sont tellement appréciés, que le nom de cette congrégation se répand dans toute la France et qu'il est même devenu célèbre à la cour. Aussi des personnes éminentes, par leur piété et leur savoir, désirent-elles avant tout, que leurs filles soient élevées d'une manière conforme à notre institution (1). »

---

(1) .... Post multos anxiosque labores solito quietius ago. Nec earum pars maxima quæ nostris conatibus resistebant, veluti feræ indomitæ vagis discursibus assuetæ caveæ clastra ferre non potuerunt...... Reliquæ vero Christum sibi conciliare cupientes in die noctuque operam navant, ut illi castissimis moribus et variis virtutum ornamentis placere possint. Litteris incumbunt omnes et libros non minus quam fusos aut rumbos discunt volvere..... Collegii hujus

Cependant la santé de Faucher avait été affaiblie par tant de luttes; il écrivait en 1539 au théologien Pierre Olivier : « Quand j'ai reçu vos deux lettres, j'étais atteint depuis plusieurs jours d'une grave maladie; le souvenir de notre vieille amitié m'a été d'autant plus sensible que j'étais privé et de vos consolations et de celles de mes autres amis (1). »

Faucher fit un voyage à Paris dans le courant de cette année 1539 et fut présenté à la cour. Nous n'avons rien pu trouver sur les motifs qui le déterminèrent à cette démarche. Tout fait présumer qu'elle fut suggérée à notre religieux par quelque affaire importante se rattachant au monastère de Lérins ou mieux à celui de Saint-Honorat de Tarascon (2).

Quoi qu'il en soit, pendant le mois de mars 1543, Faucher, épuisé par la fatigue et pensant qu'il avait assez fait de sacrifices pour le monastère de Saint-Honorat, obtint la permission de se démettre d'une charge devenue désormais trop pesante, et

---

nomen ubique fere per totas gallias, sed maxime apud aulam fit famosissimum, etc. Tarascone nonis februariis raptim et digitis intenso frigore stupentibus. — D. Barral, p 276.

(1) Accepi cum gravissime ægrotarem binas litteras tuas..... Opportune mihi redditæ tunc sunt, cum tuo et aliorum amicorum solamine indigerem. — D. Barral, p. 346.

(2) Faucher fait mention de son voyage à la Cour, dans quelques-unes de ses lettres. V. D. Barral, pag. 328, 352, 361 ; mais il ne s'explique point sur le motif qui le lui fit entreprendre.

de se retirer à l'abbaye de Lérins, cet objet de sa prédilection et qu'il croyait ne devoir plus quitter.

A peine touchait-il le seuil de ce pieux asyle que des intérêts pressants l'obligèrent de se transporter dans la ville d'Arles, son pays natal. Là, son zèle pour la religion et pour le salut des âmes ne devait point se ralentir ; il adressait fréquemment au clergé et au peuple de touchantes allocutions, trop heureux si les souvenirs de Saint-Honorat ne fussent encore venus le troubler au milieu de ces saints exercices (1).

Faucher allait en faire l'expérience : Souvent des abus paraissant tout-à-fait réprimés renaissent plus révoltants encore par l'incurie ou la perversité de celui qui succède à un sage réformateur. Une œuvre ne peut se maintenir dans l'état de perfection où l'avait conduite une âme énergique, un esprit sage et éclairé, que par la vigilance la plus exacte à ne point enfreindre les règles établies.

Le sage réformateur quittait à peine Saint-Honorat, et déjà des plaintes fréquentes s'élevaient contre le nouveau directeur ; Faucher en est informé ; il craint que l'édifice qu'il a si péniblement élevé ne s'écroule sourdement miné par l'esprit d'indifférence ou sapé ouvertement par la violation

---

(1) Nuova raccolta, pag. 277.

des règlements, par un libre cours donné à tous les vices. Dans sa sollicitude, il adresse deux lettres à ce coupable administrateur dont le nom nous est demeuré inconnu, et ces lettres sont des modèles de sévérité et de pieuse indignation que tempère l'esprit de douceur et de charité chrétienne.

« Arles, le jour des ides d'avril 1543. Au nom de notre confraternité et de nos travaux, au nom de toutes les angoisses et de toutes les calomnies que nous avons souffertes pour l'amour du Christ, je vous conjure de prendre quelque soin de votre honneur et de la réputation de nos vierges. Le bruit public assure que vous les fréquentez plus qu'il ne paraît être convenable et que vous assistez avec elles à des festins; — je m'efforce de réfuter de telles rumeurs, je les combats de toute mon âme, de toutes mes forces..., mais je vous en supplie, suivez les conseils d'un ami fidèle et dévoué, ne rendez point inutiles par votre fait, tant de longs travaux, tant de rudes fatigues (1).

A ces paroles bienveillantes succèdent deux mois après, des discours plus sévères :

(1) Oro te per amicitiam nostram et communes labores ac toleratas pro Christi amore molestias calumniasque ut honori tuo et virginum nostrarum famæ ac verecundiæ consulas. Multus de te olim (ut scis) rumor et vehemens suspitio fuit, quod cum virginibus frequentior esses, quam par esse ipsi judicarent, et maxime quod cum illis convivia inires..... Sed oro te ut amico tibi vere, fideliter, et amanter consulenti fidem adhibeas. Arelate idibus aprilis, 1543.

« Les choses en sont venues au point où tout le mal est à craindre et pas le moindre bien à espérer... D'où vient cette persuasion qu'il ne doit plus rien y avoir de commun avec notre ordre ? On veut écarter toute crainte, tout scrupule, et ne prendre pour règle de conduite qu'une volonté effrénée et des désirs immodérés.... Je ne cesse pas pourtant de vous défendre, ainsi l'exige mon amour envers vous... (1). »

La présence de Faucher pouvait seule guérir les maux du monastère ; il retourna donc à Saint-Honorat en 1544, rappelé par d'unanimes suffrages.

Bientôt les efforts auxquels il dut se livrer pour faire disparaître jusqu'à la moindre trace d'une mauvaise direction, peut-être encore l'inclémence de l'air, comme il le supposait lui-même, causèrent à Faucher une maladie encore plus grave que celle dont il avait été atteint une première fois. Frappé au commencement d'août, d'une fièvre aiguë, il n'était pas encore entièrement rétabli au mois de novembre suivant (2).

---

(1) Res eò revoluta est, ut plus mali timere quam boni sperare possimus...... Quorsum persuasio illa, ut nihil cum ordine nostro se habere commune existiment, nisi ut amoto religionis metu ac scrupulo, quæcunque volet sibi licere arbitrentur, et pro lege sit eis desideriorum voluntas, etc. Arelate decimo quarto calend. junii, 1543.

(2) Nuova raccolta, pag. 277, 278. Quelques lettres de Faucher mentionnent cette grave indisposition.— D. Barral, p. 294, 295, 305, 321.

On ne sait pas d'une manière bien précise à quelle époque il fut forcé d'abandonner de nouveau le monastère de Saint-Honorat. Seulement, nous apprenons par une de ses lettres, que dès le premier septembre 1547, il s'était retiré dans sa chère île de Lérins qu'il ne devait plus abandonner (1).

Faucher ne tarda pas à être élevé à la dignité de prieur (2), mais plus désireux d'obéir que de commander, il aurait bien préféré ne pas être revêtu de cette charge. Il écrivait à Laurent Garin, le 15 des calendes d'avril 1548 : « Je trouve toujours plus de charme à reprendre avec nos jeunes gens l'étude des belles-lettres. Je serais trop heureux si on ne m'avait point déféré ce titre de Prieur dont je me reconnais indigne. A cette prochaine assemblée de nos pères, je serai débarrassé, je l'espère, d'un fardeau trop au-dessus de mes forces physiques et morales (3). »

Le sentiment que sa tâche était nécessaire pour

---

(1) Nuova raccolta, ibid. — D. Barral, pag. 354 : Deo in primis gratias ago quod ea cura quæ animum meum solicitabat, sum liberatus. Lerinæ raptim. Cal. septembris, 1547.

(2) Dom. Liron, Singularités historiques et littéraires, Paris, 1738, in-12, tom. 3, p. 389.

(3) ...... Non sine animi mei voluptate, in litterarum studiis cum hac juventute exerceo...... Felix utcumque mihi esse viderer, nisi adhuc inesset mihi paternitatis hoc nomen, quo immerito appellor. Sed spero, ut his futuris patrum nostrorum comitiis hac sarcina sublever, etc. — D. Barral, p. 305, 306.

faire le bien soutint Faucher contre toutes les difficultés ; elles s'accrurent encore dans une circonstance pénible dont nous devons rappeler succinctement les détails.

François Ier avait nommé abbé de Lérins, en remplacement de du Bellay, Guillaume Pelissier, d'abord évêque de Maguelone, ensuite de Montpellier, quand le siège épiscopal eût été transféré en cette ville. Le nom de Guillaume Pelissier rappelle tout à la fois un profond théologien et un habile jurisconsulte (1). Il avait obtenu la confiance de François 1er, qui le chargea de plus d'une mission importante. Dans une ambassade à Venise il soutint dignement l'honneur et les intérêts de la patrie. Mais la mort de son royal protecteur devait lui causer de cruelles disgraces : Le parlement de Toulouse trop facile à écouter de fausses déclarations qui représentaient le savant prélat comme un partisan des nouvelles doctrines, ce parlement avait ordonné son

---

(1) La bibliothèque Méjanes possède les lettres de messire Guillaume Pelissier, evesque de Maguelone, etc. C'est un beau manuscrit in-folio, de près de 1200 pages, acheté par l'illustre fondateur de la bibliothèque d'Aix, des héritiers du marquis d'Aubais. Il avait appartenu auparavant à Charles Joachim Colbert, évêque de Montpellier. Ces lettres de Pelissier sont adressées aux principaux personnages de l'époque, au Roi, au connétable Anne de Montmorency, à la reine de Navarre, Marguerite de Valois, sœur de François Ier, au chancelier Antoine Dubourg, à la duchesse de Ferrare, au docteur Rabelais, au comte de la Mirandole, etc., etc.

emprisonnement au château de Beaucaire et la saisie de ses revenus. Peu de temps après, les accusateurs de Pelissier furent reconnus pour d'indignes calomniateurs et le prélat, remis en liberté, obtint le recouvrement de ses biens tant patrimoniaux que bénéficiaires; alors Pelissier ne craignit point d'accuser les moines de Lérins de l'avoir indignement dépouillé de la majeure partie de ses revenus, et ses plaintes furent entendues des tribunaux. Une décision du grand conseil alloua au plaignant diverses indemnités, en outre quelques moines furent expulsés du monastère et les autres reçurent l'ordre de ne plus prêter obéissance à la congrégation de Lérins, mais seulement à l'évêque de Montpellier et à ses ministres : ceux-ci exercèrent alors toute sorte d'exactions contre les religieux; leurs règlements furent méconnus, leur hiérarchie renversée, et ils ne dépendirent plus que d'un vicaire étranger à l'institution de Lérins, indigne directeur, prenant pour unique règle de conduite son propre caprice ou celui de la volonté supérieure dont il était le trop servile exécuteur (1).

Les angoisses que causèrent à Faucher ces pénibles circonstances sont exprimées d'une manière éloquente et avec une sainte liberté, dans une lettre

---

(1) Nuova raccolta, p. 279, 280.

adressée à l'évêque de Montpellier, aux ides de juillet 1557 :

«... Si je voulais énumérer les mensonges odieux, les cruels affronts, toutes les indignités qu'on nous fait subir, le récit serait trop long. Vos délégués ont dépassé toutes les bornes ; chaque jour ils s'étudient à inventer de nouvelles vexations, croyant par là vous être agréables... Serez-vous donc toujours implacable à notre égard, quel crime ont commis nos humbles religieux, pour que vous paraissiez en quelque sorte vous complaire dans nos souffrances... Il viendra, il viendra ce jour suprême où nous devons tous comparaître devant le redoutable tribunal du souverain juge, vos cruels ministres oseront-ils espérer quelque miséricorde !..... Un tel langage, illustre prélat, m'est inspiré par l'amour de la religion et par l'honneur de cette sainte maison... Puisse la prudence diriger à l'avenir vos actions et vous épargner des mesures qui vous rendraient répréhensible aux yeux de Dieu et des hommes (1). »

---

(1) ...... Longior erit narratio, si omnia illorum impudentissima mendacia et post illatas nobis contumelias...... Velim recensere. Ità enim egerunt, ut qui semel pudoris ac temperentiæ fines excesserant, naviter in dies impudentiores fieri studerent, dum tibi obsequium præstare se arbitrarentur....... Veniet, veniet supremus ille noster dies, quo nos ante tremendum illud tribunal exhiberi oportet. etc. — D. Barral, pag. 291.

Enfin, toutes ces pénibles dissensions eurent un terme en 1558 par la fermeté de Faucher et par le crédit du cardinal de Lorraine, auquel notre religieux, dans sa modestie, attribuait tout l'honneur de cette heureuse issue :

« Que n'est-il en mon pouvoir de vous rendre de solennelles actions de grâce pour tout ce que vous avez fait ; nous en garderons du moins mes religieux et moi un éternel souvenir (1). »

Faucher n'avait pas complètement délaissé le monastère de Saint-Honorat qui lui avait coûté tant de peines ; par des lettres remplies d'onction, de saintes maximes et d'utiles conseils, il s'efforçait de conserver ses filles spirituelles dans la voie de la perfection où il avait eu le mérite de les introduire, après de longues vicissitudes.

Son unique distraction était d'instruire les jeunes gens et de cultiver l'art de peindre, il excellait surtout dans la miniature ; il existe de Faucher un livre d'Heures, format in-12, écrit en entier de sa main, orné d'initiales et de figures d'un goût admirable, représentant entr'autres le sujet des Psaumes ou des Leçons. Denis avait donné le 9 avril 1554 ce livre d'Heures à Jean Faucher son frère,

---

(1) .... Quia tibi gratiam referre non possumus, saltem et nostro et omnium provincialium nomine nos maximam habere, et perpetuo habituros protestemur, etc. — D. Barral, p. 287.

sous cette condition qu'il ne sortirait jamais de leur famille pour qu'il fût, suivant ses expressions, un perpétuel symbole d'amour envers les siens et un pieux souvenir auprès de Dieu. Quand Barral écrivait sa chronologie en 1613, ce précieux manuscrit était au pouvoir de François Faucher, avocat au siège d'Arles, arrière-petit-fils de Jean Faucher (1).

Vers la fin de l'année 1560, Faucher commença à ressentir d'une manière sensible le poids de l'âge aggravé encore par toutes les tribulations qu'il avait éprouvées. Plus tard des douleurs aiguës dans les

---

(1) D. Barral, pag. 223, 224. — Armellini, Biblioth. Bened.-Casinens., pars prima, pag. 150.

Le livre d'Heures de Faucher, parfaitement conservé, appartient aujourd'hui à M. l'abbé Mercier, curé de la paroisse du Tholonet; il nous l'a communiqué avec beaucoup d'obligeance et nous a permis de prendre copie de deux notes mises en tête et que nous reproduisons ici, parce qu'elles complètent tout l'historique du remarquable ouvrage de Faucher :

« Post centum septuaginta et septem annos liber iste jamdiu legatus familiæ Faucherii, transivit in alteras manus ob extinctionem dictæ familiæ quæ transivit in nobilissimam de Viguier, anno 1731, per matrimonium Mariæ Xaveriæ de Faucher unicæ hæredis dictæ familiæ cum nobiliss. D. Jacobo de Viguier equite; et D. Jacobus adhærens conditioni et legi impositæ a D. Faucherio, dedit illud fratri suo F. Paulo Antonio de Viguier equiti Hierosolymit...... Ut dictus Paulus Antonius vivens teneat apud se, sed post illius obitum redeat ad familiam de Viguier et maneat semper apud ejus hæredes in perpetuum symbolum conjunctionis utriusque familiæ de Faucher et de Viguier.

« Librum hunc D. Petro Gay presb. dono dedit domina Maria de Latour hæres Dom. Mariæ Xaveriæ de Faucher viduæ de Viguier, anno 1802 ».

intestins, une faiblesse générale et la fièvre le réduisirent à un tel état qu'il ne pouvait plus quitter sa couche sans le secours de ses frères. Aussi le bruit de sa mort avait-il circulé dans les environs de Lérins, à Antibes et à Grasse. Faucher a lui-même dépeint dans quelques-unes de ses lettres la triste position où il se trouvait réduit (1). Enfin sur le point d'abandonner ce monde, il composa deux épitaphes à peu de jours d'intervalle (2) et à peine avait-il fini de dicter la seconde qu'il alla recevoir dans le Ciel la récompense d'une vie si dignement employée. Faucher mourut vers le commencement de l'année 1562, ses restes furent pieusement ensevelis dans une chapelle dédiée alors à Saint-Léonard, puis à Saint-Benoit (3).

Le chroniqueur italien, auquel nous avons emprunté la plupart de ces détails, a retracé dans les termes suivants, les principaux traits qui se dessinent dans le caractère de Faucher, d'après les lettres du pieux cénobite (4) :

« Faucher demeura toujours ferme dans ses entreprises, toujours courageux dans l'adversité ;

(1) D. Barral, pag. 265 à 270.

(2) Ces deux pièces de vers qui furent pour Faucher le chant du cygne sont relatées dans le Nuova raccolta, p. 284, 285; dans Barral, p, 223, et dans Armellini, p. 152.

(3) Nuova raccolta, pag. 285.

(4) Ibid., pag. 286.

étranger à toute idée d'orgueil et d'ambition, il savait néanmoins opposer une vive résistance à tout ce qui contrariait son zèle, à tout ce qui préjudiciait aux intérêts de la religion. Observateur exact de la discipline monastique, prêchant encore mieux par ses exemples que par ses discours, il fut généralement aimé et estimé, à l'exception toutefois de ceux qui poussés par un intérêt personnel s'obstinaient à le contrarier dans ses vues d'améliorations, ou qui, différant trop de lui par leur conduite, souffraient avec peine un continuel et puissant désapprobateur. »

II.

Je passe à l'examen des écrits de Faucher que D. Barral nous a conservés, comme je l'ai déjà dit, dans sa chronologie de Lérins (1). Au moyen de la correspondance de notre religieux, il serait facile d'assigner une date à la composition de ses principaux titres littéraires et il résulterait de cet examen que Faucher écrivit dans un âge mur, alors que les fumées de l'imagination, les illusions de la raison

---

(1) Opera omnia R. patris D. Dion. Faucherii monachi Lerinensis et civis Arelatensis, olim dispersa, nunc primùm a domino Vincentio Barrali Salerno Lerinensi monacho in unum congregata.

et l'incertitude du goût n'exercent plus une influence souvent nuisible. Ses lettres au nombre d'environ cent cinquante sont adressées à des personnages recommandables par leur piété, leur science et leur dignité ou à des amis qu'il affectionnait tendrement. Dans ces épîtres, l'élégance s'unit aux sentiments religieux ; on y trouve des faits souvent curieux ou intéressants et nous pensons qu'elles mériteraient d'être publiées de nouveau, celles du moins qui se rattachent à l'histoire littéraire du seizième siècle et qui sont la reproduction exacte des mœurs et institutions de cette époque. Il s'est glissé dans le recueil de D. Barral quelques erreurs typographiques provenant de cette circonstance qu'il n'a point reproduit les lettres de Faucher d'après les originaux, mais sur des copies peu soignées. Quelquefois aussi certaines lettres portent une date évidemment fausse, et il suffit de jeter un coup-d'œil sur l'ordre des évènements pour reconnaître l'erreur (1).

---

(1) Je ne citerai qu'un seul exemple. La dernière lettre du recueil de Barral, pag. 370, est datée de 1551, mais en confrontant cette épître avec celles qui précèdent, on s'aperçoit bientôt que sa vraie date doit être de 1562. Au surplus ces observations me sont fournies par le bénédictin Dom. Gradenigo. Ce chroniqueur cite ensuite Arnold Wion, historien de l'ordre de Saint-Benoît, et un passage de son livre intitulé : Lignum vitæ, ornamentum et decus ecclesiæ, tom. 2, pag. 885, duquel passage il résulterait que Wion aurait vu en manuscrit diverses lettres de Faucher, réunies à d'autres lettres d'anciens moines. Ces lettres font-elles ou non partie de la collection de Barral ? — D.

Je placerai en première ligne la correspondance de Faucher avec le cardinal Jean du Bellay, que François 1er avait promu aux plus hautes dignités. Faucher aimait à le consulter sur tous les points embarrassants, et, plus d'une fois, il avoue que privé de ses lumières ou de ses leçons, il aurait échoué dans l'exécution de ses plans de réforme :

« Par votre grande piété, par cette heureuse influence que vous exercez si bien sur tous les esprits, sur ceux notamment qui sont convenablement préparés, le mauvais génie ne triomphera point de la cause du Christ ; le cœur de nos vierges ne se dessèchera point par les exemples de la corruption, comme une jeune fleur à un souffle pestilentiel (1). »

Et ailleurs : « Nos moines de Lérins se trouvent en ce moment réduits à une telle pénurie et si accablés de dettes qu'ils ne peuvent en quelque sorte respirer sans le secours de votre bienveillance... Désolées par les malheurs du temps, les églises et communautés situées au-delà du Var sont dans l'impossibilité de tenir leurs engagements ; nous vous

---

Gradenigo ne résout point cette question et je n'entreprendrai pas non plus de la décider. V. Nuova Raccolta, pag. 289.

(1) Per tuam in Deum pietatem et singularem tuam in omnes quidem, sed in bene institutas mentes maximè ac bonarum artium studiosas mansuetudinem, te oro atque obsecro, ut huic nostræ sollicitudini anxietatique subvenias, etc. — D. Barral, p. 284.

en conjurons, illustre prélat, veuillez venir à notre secours (1).

D'autres fois, et dans une douce intimité, Faucher s'entretient de poésie avec du Bellay :

« J'ai composé, en versant des larmes, une pièce de vers sur la mort de Vulteius ; permettez-moi de vous l'adresser, non que je la juge digne de vous, mais parce que votre amitié envers moi et le désir que vous manifestez, me forcent à vous fatiguer mal-à-propos de mes frivolités (2). »

Un autre protecteur, un autre confident de Faucher est Grégoire Cortèse qui fut prieur, puis abbé de Lérins, et que le pape Paul III s'était attaché en qualité de conseiller intime. Déjà nous avons mentionné les rapports d'amitié qui l'unissaient à notre religieux. Faucher félicite-t-il Cortèse de sa promotion au cardinalat, « qui ne se réjouirait, dit-il, en voyant que le vaisseau de l'église prêt à être submergé va être dirigé par un gouverneur, dont le zèle et les vertus inspirent une si juste confiance : Grâces soient rendues au souverain pontife pour

(1) .... Qui cum sint ipsi rerum inopia et alieno ære oppressi, non habent quo respirare jam possint, nisi tuæ benignitatis ope nitantur...... Præterea ab ecclesiis seu sacerdotiis quæ ultrà Varrum. .... Nihil extrahi potest, etc. — Barral, pag. 286.

(3) .... Simul cum lacrymis hæc quæ ad te mitto, carmina effudi. Non quod ea digna judicem, quæ doctissimis auribus tuis debeant exhiberi, sed ingenti tua humanitate fretus, etc. — Barral, pag. 284.

choisir un tel coadjuteur, lorsque tous les vents sont déchaînés. Oui, mon enthousiasme est bien légitime, en voyant revêtu des plus grands honneurs celui qui fut jadis mon fidèle compagnon, plus tard, mon père et mon maître (1). » Ces félicitations sont suivies de ces mots si simples et qui peignent admirablement l'amitié de ces deux religieux : « Plus vous êtes revêtu d'une grande autorité, plus nous oserons espérer pour nous de grands avantages (2). »

De tels éloges n'étaient point dictés à Faucher par un pur sentiment de flatterie. Cortèse fut en effet un des hommes les plus distingués de son siècle, par ses lumières et ses vertus. On a de lui, entre autres ouvrages un recueil de lettres parmi lesquelles neuf sont adressées à notre religieux (3). C'est une correspondance intime où l'on remarque à chaque page des témoignages d'une amitié qui exige avant tout une prompte réciprocité et qu'aurait profon-

---

(1) Quis enim non gaudeat eos ecclesiæ Dei tanquam navi jam prope modum submersæ gubernatores contingere......... Ingens ab omnibus christianis summo ac beatissimo pontifici nostro debetur gratia, qui tales ad moderandos ventorum flatus regendosque sibi adjutores assumpserit, etc. — Barral, pag. 277.

(2) Quantò tibi auctoritas major accedet, tantò majora commoda sperare audemus.

(3) Gregorii Cortesii Mutinensis, S. R. Ecclesiæ presb. cardinalis, epistolarum familiarum liber. Ejusdem tractatus, etc. — Venetiis, 1573. in-4°.

dément attristée la plus légère marque d'indifférence, le plus petit retard (1).

Quelques lettres de Faucher prouvent sa profonde aversion pour les nouvelles doctrines dont le souffle empoisonné allait se propageant. Au milieu des plus cruelles infirmités il écrivait à Antoine médecin : « Ne croyez point qu'un vain désir me rattache à la vie : toute mon ambition serait de voir l'église du Christ rendue à la paix et toutes ces folles erreurs dissipées (2) » ; et à Charles de Sainte-Marthe, ce théologien de Poitiers, soupçonné de partager l'hérésie, ce qui lui suscita de grands malheurs: « J'ai été vivement touché de vos maux et des dangers qu'a courus votre vie, mais ma douleur a été bien plus grande en apprenant que vous prêtiez votre appui aux opinions des hérétiques. Cependant votre dernière lettre m'a consolé ; elle m'a prouvé que les sentiments, dont vous êtes pénétré en ce moment, vous permettront bientôt de montrer au

---

(1) Cortèse écrivait à Faucher : Recte suspicaris mi Dionysi, litteras tuas nobis redditas non fuisse, quem quidem casum et tuli et fero molestissime. Carui enim oblectatione maxima, qua in legendis litteris tuis affectus essem, et quod præterea amici diem perdidi. — Cort. epist. fam. pag. 55.

Et ailleurs : Tua ingens in me humanitas, locataque beneficia....... Tam arcte me tibi devinxerunt, ut si te non amen, non tam rusticus aut ingratus, quàm etiam impius mihi esse videar, — Ibid. pag. 194.

(2) .... Hæc autem ad te scripsi, non tam quod longioris vitæ

grand jour votre innocence et de réfuter la calomnie. Cher Sainte-Marthe, au nom de notre mutuel attachement, conduisez-vous de telle sorte que rien, pas même les plus violentes tribulations, ne vous éloigne de la foi et de ce que vous devez à votre propre conscience (1). »

Faucher, nous l'avons déjà dit, s'appliquait à initier les religieuses du monastère de Tarascon à la connaissance de la langue latine. Il paraîtrait que des esprits chagrins ou jaloux l'auraient blâmé de se livrer à cet exercice, et Faucher se serait montré fort sensible à des critiques si peu méritées. Sans doute, la femme chrétienne qui chante les louanges du Seigneur dans une langue qu'elle ne connaît point, s'unit avec un esprit d'humilité aux créatures insensibles louant Dieu par un langage muet (2), mais d'un autre côté, d'après le véritable esprit du

---

inane mihi desiderium insit..... Unum est propter quod adhuc me superstitem esse non piget, si videlicet tamdiu vivam, ut expulsis profanis erroribus ecclesiæ Christi pacem videam restitutam. — Barral, pag. 369.

(1) .... Dolui, Sammarthane carissime, ubi te in tam grave discrimen adductum accepi, quo vita tua periclitaretur, sed dolore pœnæ contabui, quod de religione male sentire te aiebant, et hæreticorum opiniones erroneas obfirmato animo sustinere, etc. — Barral, pag. 327.

(2) Telle est la maxime développée dans le catéchisme ou abrégé de la doctrine chrétienne, imprimé à Bourges en 1694, 2 vol. in-12. V. le Journal des Savants du 12 juillet 1694, pag. 313.

christianisme et la doctrine des Pères, pourquoi la femme ne serait-elle pas l'égale de l'homme en instruction comme en vertus, pourquoi les facultés également départies aux deux sexes par la providence n'opéreraient-elles pas chez l'un comme chez l'autre des résultats identiques? Un de nos célèbres jurisconsultes (1) l'a dit avec vérité : Dans le système du christianisme, la femme a une mission à remplir, elle doit travailler comme l'homme pour le service du Seigneur (2), elle a la même dignité morale que l'homme (3), et si elle lui est inférieure en force, elle le surpasse en foi et en amour (4).

Pénétré de cette vérité, Faucher en fait le sujet d'une longue lettre adressée à Antoine Arlier de Nîmes (5), lettre que nous voudrions pouvoir citer en entier :

---

(1) M. Troplong, Influence du christianisme sur le droit civil des Romains.

(2) Paulus ad Roman. XVI, 6, 12.

(3) Paulus ad Corinth. VII, 4, 14.

(4) Matthœus. IX, 22.

(5) Antoine Arlier d'une famille originaire de Calvisson, dans le Bas-Languedoc, avait été consul de la ville de Nimes en 1535. Chargé de diverses missions honorables par François 1er, il obtint de ce prince que Nimes prendrait pour armoiries le type de l'ancienne médaille de cette colonie. La bibliothèque d'Aix possède les lettres manuscrites d'Arlier sous ce titre : Anton. Arlerii Nemausensis epistolæ à Barth. Blea Amanuen. è chartis neglec. selectæ. 1539, petit in-fol. couv. en parch. Ces lettres au nombre de 81 et d'une latinité très élégante sont envoyées à divers personnages célèbres tels que Dolet, Sainte-Marthe, etc. Deux epîtres seulement sont à l'adresse de Faucher.

« Quelques personnes voyent avec peine que j'initie nos jeunes vierges à l'étude de la langue latine, comme si la nature n'avait pas donné également à l'homme et à la femme un esprit capable d'instruction...... Est-il bien déraisonnable que des vierges consacrées à Dieu s'occupent, au milieu des loisirs du cloître, à écrire ou à parler latin, surtout étant dirigées par un maître rempli de sollicitude sinon de science....... Quant à moi, je méprise ces inepties pour ne pas dire ces folies. J'ai en ma faveur les Jérôme et les Ambroise écrivant à de nobles dames que les vierges vouées au Seigneur doivent être versées dans les lettres grecques et latines, si elles veulent méditer avec profit la loi divine et ne pas la réciter par un simple mouvement des lèvres, comme certains oiseaux babillards (1). »

Cette lettre et quelques autres adressées pareillement à Arlier attestent que Faucher comptait encore un confident et un ami dans ce personnage. « Rien ne pouvait m'arriver de plus agréable, écrivait

(1) Miror aliquos tàm difficulter animum inducere puellas scire latinè, quasi non mulieribus æquè ac viris docile ingenium natura largita sit..... Neque enim difficile creditu mihi videtur Deo dicatas virgines litterato otio vacantes latinè utcumquè aut loqui aut scribere præsertim cum præceptore utantur etsi non docto attamen sollicito..... Sed horum ineptias ne dicam insanias contemno, etc. — Barral, pag. 340.

Arlier à notre religieux, que d'apprendre quelque chose de vous par vous-même..... Il est vrai que nous n'avons pas toujours eu la faculté de nous donner mutuellement de nos nouvelles, mais nous le pourrons à l'avenir, je l'espère, puisque vous êtes revenu si heureusement dans vos foyers (1). »

Plusieurs autres lettres de Faucher concernent plus spécialement ses travaux littéraires et surtout ses poésies. Le bon religieux parle souvent de ses vers avec une modestie qui n'est pas en général l'attribut des poètes, cependant on serait tenté de croire qu'il est bien aise qu'on ne partage par ses sentiments d'humilité à en juger par le charme qu'il éprouve à faire divers envois de ses productions poétiques. Il écrivait à Antoine Arlier : « Je vous adresse un poëme en vers asclépiades que j'ai composé il y a plusieurs années pendant mon séjour en Italie. Le hasard me l'a fait découvrir tout récemment parmi d'autres papiers (2). » A Jean Dampierre : « Mon amitié envers vous ne peut demeurer

---

(1) Nihil optatiùs mihi contingere poterat quam de te aliquid aliquando ex te ipso audire..... Nec tibi meis nec mihi vicissim tuis litteris unquàm frui licuit, sed tamen, ut spero, in futurum licebit, te penatibus sic fœliciter restituto. — Arlerii epistolæ, ad pag. 7, 8.

(2) Hoc igitur asclepiadeum carmen quod ego aliquot ab hinc annis cùm adhuc in Italià essem composui inter chartas alias nuper inventum mittere ad te volui, etc. — D. Barral, pag. 339.

oisive, c'est elle qui me contraint à vous envoyer ces vers fort médiocres, il est vrai, mais qui du moins vous prouveront tout mon attachement (1). » Et à Salmon Macrin · « Voici mon élégie au roi que vous m'avez tant demandée : vous voudrez bien en corriger les défauts..... Je puis vous adresser encore plusieurs autres pièces de vers, mais à condition que vous rectifierez ce qu'elles ont de dur et d'incorrect ; vous les jetterez même hardiment au feu, si elles sont tellement mauvaises que vous ne les jugiez pas dignes d'être retouchées (2). »

Mais des soins plus importants occupaient l'âme de Faucher : plusieurs lettres adressées à Delphine, religieuse du monastère de Tarascon, présentent un ensemble parfait de tous les devoirs de la vie monastique : les consolations et les saintes joies de ce pieux état y sont retracées avec une vive éloquence, et avec l'onction la plus touchante :

« ..... Aimez cette solitude du cloître... Repassez souvent dans l'esprit, les circonstances de la vie de

---

(1) ..... Quia nunquam otiosus est amor, coegit me ut hæc ad te carmina inepta licet atque inconcinna transmitterem, etc. — Barral, pag. 323.

(2) Elegiam etiam ad regem quam à me tantoperè exigebas, mitto ut corrigas si quid in eà stridulum reperis..... Missurus insuper alia multa..... Sed ea conditione ac lege ut abs te aut corrigantur....., aut si tam scabra aut dura erunt quæ lima tua indigna judices, ignibus tradas — D. Barral, pag. 361.

votre époux céleste et les douleurs de sa passion... alors vous sentirez s'allumer dans votre cœur ce feu qu'il est venu lui-même apporter sur la terre et qu'il ne désire rien tant que de voir brûler en nous (1). » Et une autre fois : « Voyez que de peines, que de fatigues supportent ces hommes combattant sous les rois de la terre, que de périls ils affrontent à travers mille morts pour la récompense de quelques jours... Mais nous, nous combattons pour une gloire éternelle, pour le Dieu immortel, le roi de tous les rois... De quels délices ineffables seront suivis ces gémissements d'une sainte componction (2) !... »

Faucher avait toujours montré le plus grand zèle à initier les jeunes gens au goût de l'étude et à la pratique de toutes les vertus. Dans ses lettres adressées à Jacques Maudenne, *optimæ spei adolescenti*, et aux deux frères Grimoalde, d'une naissance illustre, on trouve d'utiles maximes mêlées aux plus sages avis.

---

(1) .... Cellulæ igitur tuæ solitudo tibi amica sit, hic cœlestis tui sponsi vitæ decursum et toleratæ per te passionis acerbitatem toto mentis affectu meditando recogita..... Ut sentias in corde tuo exardescere ignem illum quem ipse venit mittere in terram et quem vult in nobis non utcunquè sed vehementer accendi. — D. Barral, p. 316.

(2) Considera filia quot labores sudoresque tolerant ii qui sub terrenis regibus militantes stipendium faciunt..... nos pro æternæ gloriæ prœmio et immortalis Dei nostri regum omnium regis acquirendo favore ac gratia cœlestem militiam detrectabimus.... Quale gaudium, qualem consolationem... .... Sanctæ compunctionis gemitus nobis pariet ? — D. Barral, pag. 317

Il écrivait au premier : « Votre sagesse et votre amour pour l'étude me sont connus, je sais aussi de quels soins vous entourent de tendres parents, je veux néanmoins joindre ici mes exhortations à celles que vous recevez pour fortifier encore mieux votre esprit contre les mœurs perverses du siècle... Livrez-vous donc avec ardeur à l'étude des sciences et des lettres, vous n'en retirerez pas, il est vrai, de vains titres de noblesse, mais la plus solide instruction ; un nom illustre et de grands honneurs ne sauraient être votre propriété exclusive, mais tout ce que vous acquerrez en vertu et en érudition sera réellement à vous et toujours à vous (1). »

Et aux frères Grimoalde : « Quel plus bel exemple que celui donné par des jeunes gens d'une illustre famille, rehaussant par la science et la pureté des mœurs la gloire de leurs ancêtres... Ils se trompent gravement ceux qui, faisant parade d'un vain titre, ignorent qu'ils doivent avant tout aimer la vertu, véritable origine de leur noblesse (2). »

---

(1) Tametsi satis mihi explorata est in virtutes et litterarum studia voluntas tua, et patris tui..... Cura, consiliumque non deest, volui tamen his stimulis pro meo in te et parentes tuos ingenti amore meam quoque adhortationem adjungere, etc. — D. Barral, pag. 326.

(2) ..... Quid verò ad prudentiæ atque virtutis exemplar expressius, quàm videre adolescentulos familiæ nobilitate insignes ita animum induxisse, ut natalium splendore tantisper se conspicuos fieri posse putent, dum derivatam in se atque acceptam à majoribus gloriam doctrina et morum honestate tueantur, etc. — D. Barral, pag. 329.

En général, le style épistolaire de Faucher est correct et tel qu'il doit être. A peine trouve-t-on quelques mots de latinité moderne abondamment rachetés par des expressions pleines d'élégance et par des réminiscences de nos meilleurs classiques. Il aimait beaucoup Horace, et plus d'une fois notre religieux le mit à contribution. Cependant je ne prétends pas faire ici un éloge exclusif du style de Faucher : Souvent des longueurs et des redites déparent son sujet, souvent encore dans quelques-unes de ses lettres, les mêmes idées se reproduisent, sauf de légers changements de rédaction. Quelquefois avant d'arriver au but qu'il se propose, Faucher débute par de longs préambules et par une série de réflexions morales qui sont de véritables hors-d'œuvre. Ce défaut est surtout poussé trop loin dans une épître adressée à François 1er, par laquelle Faucher implorait la clémence de ce prince en faveur d'un jeune homme accusé de vol (1) : Mais toutes ces tâches sont bien excusables chez un homme habitué à passer ses jours dans la retraite, éprouvant plus que tout autre ce besoin des doux épanchements du cœur dont toutes les conditions ressentent l'empire.

(1) D. Barral, pag. 370.

III.

Considéré comme écrivain religieux, Denis Faucher mériterait encore d'arrêter quelque temps nos regards; soit que dans des traités de piété il élève l'âme à la sublimité d'une vie contemplative, soit que dans des homélies au peuple il lui montre les obligations imposées par le christianisme ou qu'il lui retrace la vie d'un personnage bien plus illustre par ses vertus que par sa naissance, toujours sous la plume comme dans la bouche de Faucher se réfléchissent les principes les plus purs de la morale chrétienne. Exclusivement occupé du grand sujet qui l'anime, il dédaigne les ornements frivoles et superflus du discours, et Faucher est, avant tout, le sage et zélé réformateur, jaloux d'inspirer aux autres les principes dont il est le modèle parfait.

Toutefois, il ne faudrait pas s'attendre à trouver ici ce que l'ascétisme a de mystérieux, ce que présentent d'obscur les controverses et les subtilités mystiques. Les écrits religieux de Faucher sont essentiellement un manuel de philosophie morale et chrétienne où l'homme du monde lui-même peut puiser d'utiles enseignements. Les vérités que professe notre religieux sont exposées dans un style simple, que la moindre intelligence saisit sans effort et que rehaussent à propos de nombreux passages des saintes écritures dont Faucher était si bien pénétré.

Moraliste chrétien, Faucher est auteur d'un traité de la réforme de l'esprit adressé de Lérins le 6 des calendes d'octobre 1548, à Delphine Tornatori, cette pieuse élève de notre religieux, que nous avons déjà eu occasion de mentionner. Ce traité divisé en neuf chapitres renferme tout ce qui est nécessaire à l'homme qui veut mener une vie vraiment régulière. L'auteur se propose surtout d'inspirer aux religieuses dont il était le père spirituel, cette perfection céleste, cette merveilleuse discipline, cette pureté évangélique dont les premiers chrétiens donnaient fréquemment l'exemple. Pour arriver à ce but, nécessité de réformer sa raison, en la soumettant aux règles de la foi catholique, sa volonté, en ne voulant que ce que Dieu veut luimême, sa mémoire, par une application continuelle aux lectures pieuses et à la méditation ; nécessité encore de vivre dans la pratique de l'abstinence et de la sobriété, gardiennes vigilantes d'un cœur chaste, dans le dépouillement des choses de ce monde et dans un esprit d'obéissance, ces vertus qui nous rapprochent si puissamment de la divinité. Écoutons le début de Faucher :

« Lorsque tant de malheurs nous environnent,

lorsque des dangers sans nombre nous menacent au milieu des écueils de cette vie, les plus graves périls sont ceux qu'engendre notre propre nature ; si nous sommes assez heureux pour les éviter ou pour en triompher avec le secours de Dieu, rien ne doit plus nous offenser ni même nous effrayer... Le plus funeste ennemi de l'homme c'est sa volonté. C'est elle qui s'éloignant de Dieu et se repliant en elle-même, nous fait dégénérer de notre divine origine et nous précipite dans un abyme de maux (1). »

Orateur, Faucher ne perd jamais de vue que le but principal de l'éloquence est d'instruire les hommes et de les rendre meilleurs ; les vérités qu'il prêche dans ses discours inspirent d'autant plus de confiance qu'elles sont la reproduction exacte de ses mœurs. Tantôt il dirige l'attention de son auditoire sur les souffrances du Christ et sur l'obligation où nous sommes de porter la croix après lui, or quel autre que Faucher mit mieux en pratique cette morale qui découle de la sublime épopée du calvaire ? Tantôt

---

(1) Cùm tot nos undique mala circundent, et tam gravia nobis multipliciaque inter dubios vitæ hujus variosque anfractus pericula impendeant, nulla tamen graviora aut quæ nos magis premant, quàm ea quæ nobis adsunt intrinsecus debemus existimare..... Nemo enim aliunde tantum quantum à seipso offenditur, neque est nobis alius pestilentior inimicus, quam nostra ipsorum propria voluntas.... — De reformatione mentis, caput, 1. Barral, pag 226.

il entretient les fidèles du désir et de l'amour des choses célestes, et le soin spécial de Faucher fut constamment d'initier les âmes à la connaissance de notre véritable vocation; une autrefois, prêchant au clergé de la ville d'Arles, il s'étend longuement sur la dignité, sur les devoirs des prêtres tout en démontrant que plus leurs fonctions sont élevées plus ils doivent être saints, et lui ne fut-il pas attentif à accomplir soigneusement toutes les obligations du sacerdoce? Enfin, s'il croit devoir proposer à l'édification de ses semblables la vie de quelque personnage recommandable, Faucher retranche de ses oraisons funèbres, toutes ces louanges vaines et excessives, toutes ces pensées stériles qui ne sont d'aucun profit pour l'instruction de l'auditeur. S'il loue celui dont la perte excite de justes regrets, c'est uniquement pour apprendre ses vertus au peuple, pour l'exciter à les imiter, pour montrer l'étroite union qui doit exister entre la gloire et la vertu.

Telle est la conclusion où m'a conduit l'examen des ouvrages de morale et de piété de notre religieux : indépendamment du traité de la réforme de l'esprit, un de ses écrits principaux, je mentionnerai sommairement les autres productions dues à la piété éclairée de Faucher :

1° Ses *discours* au nombre de sept :

Méditation sur la passion du Christ, écrite en

1549 et adressée à André Sylvius, avec une lettre datée de Lérins, aux ides d'octobre 1549 (1).

Exhortation aux moines de Lérins à porter la croix après le Christ. « Très-chers frères, voici l'époque où le jeûne nous est prescrit, d'après la règle que nous suivons, c'est maintenant que nous devons nous glorifier avec l'apôtre Saint-Paul, dans la croix du Sauveur (2). »

Discours pour le jour de la naissance du Christ. « Qui rougirait d'être pauvre pour le Christ et avec le Christ? Que tous ceux qui aiment une sainte pauvreté contemplent ce mystère avec un pieux recueillement, qu'ils voyent les merveilles opérées aujourd'hui par le Très-Haut (3). »

Discours sur l'amour et le désir des choses célestes. « Heureux celui qui se considère comme étranger au milieu des peines de la vie, qui éprouve toutes

---

(1) Dionysii monachi Lerin. Ad Andream Sylvium de passione Christi meditatio. — Barral, pag. 249.

(2) Paræenesis de cruce port Christum tollenda (Barral, pag 254).... Appropinquante jamque instante tempore quo à regula quam profitemur, jejunium nobis indicitur, libet cum Paulo apostolo in cruce domini gloriari.

(3) Sermo in vigilia sive in die nativitatis Christi. (Barral, pag. 257).... Quis erubescat pro Christo et cum Christo pauper fieri.... . Ergo sanctæ paupertatis amatores pio mentis intuitu divinum hoc contemplantes mysterium, videant quàm admirabilia fecit dominus hodie. ...

les rigueurs de son exil et ne soupire qu'après le ciel, sa véritable patrie (1). »

Discours sur la dignité du sacerdoce. Adressé au clergé de la ville d'Arles en 1543. « Vénérables Pères, s'écrie le modeste religieux, qu'il m'est pénible, en venant vous parler du devoir et de la dignité du prêtre, de ne sentir en moi aucune des qualités qu'exigerait un semblable sujet. Qui suis-je, où sont ma science, mon habileté, mon habitude des choses, pour que je puisse être à la hauteur d'un sujet aussi grand, etc. (2). »

Discours prononcé à Tarascon, aux funérailles d'une illustre religieuse. Suivi de son épitaphe contenue en cinq distiques (3).

Discours prononcé aux obsèques de Pierre du Port, prévôt de l'église de Vence. Suivi pareillement de l'épitaphe du défunt, en deux distiques. Dans cette

---

(1) Sermo de cœlesti desiderio et amore (Barral, pag. 261). Beatus ille qui inter pressuras vitæ hujus atque angustias peregrinum sese cognoscit, et incolatus sui molestias sentiens cœlestem patriam sitibundus expectat....

(2) Sermo habitus Arelate ad clerum, anno 1543 (Barral, pag. 265). Dicturus de dignitate officioque sacerdotali, patres præstantissimi, doleo nullam in me esse vim, nullam facultatem, qua tantæ rei excellentiam dignè et pro meritis valeam explicare, etc.

(3) Sermo in funere nobilis Guillielmæ Luperiæ Tarasconensis. — Barral, pag. 269.

oraison funèbre dont la date est de 1554 (1), Faucher louait l'élégance des manières du prévôt Pierre, la sagacité de son esprit, le charme de ses paroles, sa rare prudence, son zèle pour combattre les hérésies, sa profonde piété, etc. (2).

2° Des annotations sur la vie de Saint-Honorat, évêque, écrite par Saint-Hilaire, et sur l'épître de Saint-Eucher concernant l'éloge de la solitude.

Ces deux opuscules n'ont jamais été publiés. Le manuscrit était conservé dans la bibliothèque de Saint-Georges-le-Majeur à Venise (3).

3° Dialogue sur les causes naturelles des choses occultes.

Arnold Wion (4) cité par le chroniqueur Gradenigo, mentionne ce dialogue inédit parmi les ouvrages de Faucher, mais sans indication du lieu où serait déposé le manuscrit (5).

---

(1) Comme il résulte d'une lettre précédent ce discours.

(2) Sermo in funere Petri à Portu præpositi Veneciensis ecclesiæ. — Barral, pag. 272. — V. sur ce prévôt, la Gallia Christiana, tom. III, col. 1233.

(3) Nuova raccolta, tom. V, pag. 293. L'auteur italien cite comme autorité ces paroles d'Armellini, bibl.-Casin., pars prima, pag. 151 : Venetiis in bibliotheca S. Georgii majoris extant Faucherii opuscula varia Mss. tom. 1, in-4°, sign. 305. Le moine Gradenigo se livre ensuite à de longs détails sur ces annotations de Faucher. Nuova raccolta, pag. 294, 295, 296, 297.

(4) Lignum vitæ in prætermiss., pars II, pag. 885.

(5) Nuova raccolta, pag. 297.

4° Explication des épîtres de Saint-Paul conservées en manuscrit à Lérins, d'après Barral, qui mentionne en outre la traduction latine faite par Faucher de 3 opuscules écrits en italien et intitulés : *Miroir de l'homme intérieur ; de la discrétion ; de l'oraison intérieure ou mentale* (1).

IV.

Passons maintenant aux poésies latines de Faucher : elles sont nombreuses, variées et se rapportent à une foule de matières sacrées ou profanes. Les diverses espèces de vers latins sont adoptées par notre religieux, toutefois le distique est celle qu'il choisit de préférence. Ces vers sont ornés de quantité d'expressions élégantes attestant que le goût de Faucher s'était formé ou du moins perfectionné à la lecture de nos anciens poètes. On l'a dit avec raison, le seizième siècle en France est une époque de transition ; une grande rénovation s'y agite, s'y essaye, mais rien ne s'achève, et tandis que la poésie française était encore à son berceau, la poésie latine devait se montrer généralement revêtue de tous ces

---

(1) Barral, pag. 224. — Nuova raccolta, pag. 297, 298.

ornements qui en firent le charme dans les beaux jours de l'antiquité. Cette assertion est justifiée par les écrits des Muret, des Dolet et de plusieurs autres célébrités poétiques parmi lesquelles le nom de notre religieux est bien digne de figurer.

Poète sacré, Faucher chante tour-à-tour les louanges de Dieu, de la Vierge, des saints, la gloire des martyrs ; il célèbre les beautés de la religion tout en s'élevant contre les faux chrétiens, les impies et les blasphémateurs ; il aime à redire les douceurs de la vie monastique, à vanter cette retraite de Lérins où il avait passé des jours si heureux. Dans ces divers sujets, la piété et la poésie se prêtent un mutuel appui, et Faucher est toujours le fervent réformateur, le zélé et sincère religieux.

Ici, c'est un poëme d'environ six cents vers hexamètres en l'honnuer de Saint-Aygulphe, abbé de Lérins et de ses compagnons qui couronnèrent en 660, la sainteté de leur vie par un glorieux martyre :

Martyris Aygulphi insignem cantare triumphum
Cogito, debilibus sed nostris viribus impar
Est onus, ingenium grandi superante pusillum
Materia, ergo meis Aygulphe beate faveto
Nixibus..... (1).

---

(1) La chronologie de Vincent Barral n'est pas rigoureusement

Plus loin, ce sont des églogues au nombre de cinq; le sujet de la première est l'éloge de l'île de Lérins (1):

CANDIDUS

Taurinos tandem liquisti, Faustule, campos
Ruricolûm in quibus assuetus discernere lites
Pastorumque graves prudens sedare querelas;
Dic rogo, quis ventus te nostris appulit oris?

FAUSTUS

Noster amor, quia scire cupis, me mutuus oras
Appulit ad vestras, quid amore potentius? Aut quis
Fortior est ventus?....

La seconde églogue a pour titre: *de cælesti et divino amore* (2). En voici le début:

Aspicis ut medio torrens nunc ferveat æstas
Maure die, et gelida pastum pecus ecce sub umbra
Ruminat, ardentem patula ergo sub illice solem

---

divisée en deux parties, ayant chacune un frontispice particulier. Elle offre cependant deux séries de pagination. Ce qui se rapporte à Faucher appartient en général à la seconde série et c'est avec celle-ci que concordent nos citations; toutefois quelques poésies se trouvent encore comprises dans le premier ordre de pagination; ainsi le poème sur St-Aygulphe est inséré dans cette première partie, à la page [illegible]; il est précédé de l'histoire de ce martyr, extraite de divers manuscrits.

(1) Barral, 1re partie, pag. 19. Dans cette division se trouvent comme nous l'avons dit, quelques poésies de Fauchet. V. les pages 26, 216, 217, 339. Quant aux autres pièces de vers que nous indiquerons, elles sont toutes dans la seconde série, pag 373 à 465.

(2) Barral, pag. 447.

Declinare licet, quæ altum caput obvia sursùm
Erigit et ramis frondentibus objicit umbras,
Frigus et optatum sponte officiosa ministrat.
Quo mecunque pater ducas, audire paratus
Sum tibi, nec quicquam gratum magis atque salubre
Est mihi, quam pia si fuero tua jussa secutus.....

Dans la troisième (1), Candidus et Simplicius s'entretiennent de la décadence de l'ordre monastique. Le premier de ces interlocuteurs fait le parallèle des moines de l'époque avec les anciens solitaires de l'Égypte :

His non marmoreis habitatio structa columnis
Extitit, ut nostra hæc œtas malè sana requirit.
His humiles habitare casas, seu rupe cavatas
Speluncas placuit, nec eis fuit ampla supellex
Rerum aut proventus, totam in cœlestia curam
Transtulerant, sola his semper cœlestia curæ...

Dans la quatrième églogue intitulée : *La religion* (2), Fortunatus entretient Jucundus, sous le voile de l'allégorie, des soins qu'un pasteur fidèle doit avoir pour le troupeau qui lui est confié :

Unde rogo jucunde venis? Ad ovilia tandem
Quis te traxit amor, quorum te oblivio dudum

(1) Barral, pag. 453.
(2) Ibid. pag. 455.

Cœperat? Hinc inter spinosa rubeta relictæ
Velleribus laceris pecudes sine lege vagantes
Sponte venenatas detondent dentibus herbas,
Sponte lupos adeunt, et sponte salubria linquunt
Pascua, et immundas inquirunt sponte lacunas.

. . . .

Quare te, Jucunde, graves perferre labores
Nocte dieque decet. Pluvias timuisse vel æstus.
Ventos, aut tonitu, reliquas aut aeris iras
Officium veri non est pastoris, inertis
Sed servi, sive ejus qui mercedis amore
Pascit oves domini tantum sua commoda pendens.

Enfin, dans la cinquième églogue(1), deux autres interlocuteurs pleurent sur la désolation dont Lérins offre le tableau et sur la future dispersion des moines :

Dic rogo cur solito mihi tristior esse videris.
Et tuus assiduo vultus mœrore macrescens
Indicat occultum cordis nimiumque dolorem?
Tu solus nescis nostris quid ovilibus annos
Contigit ante duos, ablata ut pascua, pulsi et
Pastores hinc? Quin etiam venisse ferunt, qui
Dispersurus oves procul hàc à sede fugabit...

Faucher avait dédié ces diverses églogues à Balthazard de Jarente, archevêque d'Embrun, comme il nous l'apprend lui-même :

---

(1) Barral, pag. 458.

Hos nostro placido benignè præsul
Vultu suscipe, quos tibi dicatos
Lusus mittimus... (1).

Au reste, les religieux de Lérins professaient une grande vénération pour ce prélat, et sa mort leur avait causé la plus profonde douleur (2).

Plusieurs distiques de Faucher sont remarquables par la concision énergique avec laquelle il rend sa pensée :

SUR LA PRIÈRE :

Anxia dum variis mens fluctibus æstuat, oret,
Et Dei in adversis experietur opem (3).

SUR L'AUMÔNE :

Hoc opus esse Deo gratum reputato, sinistra
Si manus ignoret, quod tua dextra facit (4).

SUR L'OBLIGATION DE PORTER LA CROIX APRÈS LE CHRIST :

Qui cupit æthereum felix conscendere sedem
Post Christum gradiens tollat et ipse crucem.
Crux timor est domini, crux est patientia, cœli
Quæ violenta potest sola aperire fores (5).

Poète profane, Faucher a composé des vers sur

---

(1) Barral, pag. 426,
(2) Gallia christiana, tom, III, col. 1094.
(3) Barral, pag. 408.
(4) Ibid. pag. 408.
(5) Ibid. pag. 444.

le mépris de la mort, sur les jardins, sur les plaisirs de la vie champêtre, contre les esprits inconstants, contre la perversité des femmes et même des épithalames dans lesquelles le grave religieux semble disparaître entièrement pour ne laisser à découvert que le poète gracieux et léger. Je vais prendre encore ici quelques citations au hazard; tous ces divers sujets se trouvent d'ailleurs confondus et sans aucun ordre apparent, dans la collection de Vincent Barral :

La pièce intitulée *de contemptu mortis* est remplie de vérités et de philosophie :

Nascentes morimur, primâque ab origine, nostra
Semper in interitum, vita caduca fluit.
Vita caduca fluit, secumque volubile tempus
Hac notas homines conditione trahit.

. . . .

Cum nequeas igitur mortem vitare timendo,
Naturæ legem quid moriture times (1)?

A ce morceau de morale succèdent immédiatement des vers ayant pour titre *de laudibus horti* :

Quæ rogo lingua potest oblectamenta referre
Omnia, quæ in sese fertilis hortus habet?

---

(1) Barral, pag. 379.

Dum vaga vere novo distinguit Chloris amœnum
Et spargit vario flore et odore solum.....

Mais si les jardins offrent tant d'agréments, nous devons en être reconnaissants envers la divinité :

Hortulus ipse etiam dum tot tibi commoda profert
Te docet ut referas pectora grata Deo.... (1).

Dans une autre pièce à peu près analogue à la précédente, intitulée *de laudibus vitæ ruralis*, l'auteur rappelle plus d'une fois Horace et sa douce philosophie :

Divitias alius quærat, petat alter honores
Et primas cathedras ambitiosus amet.
Sat mihi parva domus, mihi sat focus igne coruscans.
Sat mihi et unde queam pane fugare famem.
Sat mihi fonte cadens tenui cum murmure rivus,
Qui hortum perpetuo rore fluente riget.

. . . .

Ambiat urbanos fastus quicunque molesta
Vivere continuo in anxietate volet.
Rura mihi cordi sunt, et ruralis amica
Vita mihi innocua simplicitate placet (2), *etc.*

Mais ce ne sont pas toujours de pareils sujets qui inspirent la muse de notre religieux.

---

(1) Barral, pag. 380, 381.
(2) Ibid. pag. 412.

Ici, elle se déchaîne contre un vieillard décrépit, triste victime de ses propres folies :

. . . .

Quam malè stulte sapis, meretrix te non amat, ipsos
Sed potius nummos captat avara tuos.
Ipsa tuis captam se oculis confingit amanter,
At magis est loculis capta dolosa tuis.
Dumque putas vinctam te illam retinere malignis
Artibus incautum te tenet ipsa suis.
Illudensque tibi nummos emungit, et inde
Cùm tibi nil fuerit, perfida terga dabit (1).

Là, c'est contre une fille mondaine qu'il veut ramener à la vertu par de sages conseils :

.... *O quantum cupies vitam duxisse pudicam*
Cum insperata tibi venerit hora necis.
Quandò igitur stimulis urget te blanda voluptas
Sollicita summum mente revolve diem (2).

Ailleurs et à diverses reprises, Faucher dirige contre les défauts et surtout la méchanceté des femmes, les traits d'une violente satyre : 12 siècles avant notre religieux, Saint Grégoire de Nazianze avait aussi composé une longue pièce de vers sur un sujet à peu près pareil ; mais Faucher laisse loin

---

(1) Barral, pag. 398.
(2) Ibid. pag. 396.

derrière lui le père de l'église grecque (1) : les grandes contrariétés qu'il avait éprouvées dans la réforme du monastère de Tarascon avaient sans doute soulevé sa bile qu'il exhalait avec des expressions souvent outrées :

Quid tua sollicitis distendis pectora curis
Imprudens, frustra tempus inane teris.
Fœmineam ratione velis si vincere mentem,
Flectere vel dictis colla proterva putes,
Sic operam ludis, veluti qui semina siccis
Littoribus mittit, æthiopemve lavat.
Adversum in montem saxum qui sisyphus urget,
Illius evadet culmina ad alta prior,
Quàm muliebrem animum voces linguamque rebellem,
Insanosque ausus perdomuisse queas (2).

Et ce qui confirmerait au besoin notre sentiment, c'est que plus loin Faucher énumère toutes les difficultés que nécessite la conduite des femmes, *fœminei gregis*, puis il ajoute :

.... *Ergo si quietis*
Expers, anxius, et gravis tibi esse
Vitam ducere vis, gregis regendi

---

(1) Adversùs mulieres ambitiosius sese adornantes et excolentes. *Sancti patri nostri Gregorii Nazianz. theologi, opera.* Parisiis, Cl. Morel, 1630, in-folio, tom. II, pag. 147.

(2) De indomabili protervitate malæ mulieris. — Barral, pag. 410.

Duram fœminei nimisque acerbam
Curam suscipe, senties malignum
Quam sit impatiensque disciplinæ
Fœminæ ingenium.........
.... Mihi autem
Si quando datur optio, strepentes
Exoptem magis anseres, loquaces
Aut optem potius domare ranas (1).

Revenons à des sujets plus intéressants et plus gracieux : j'ai dit que Faucher avait composé des épithalames. Le recueil de Barral renferme deux pièces de ce genre : l'une est en l'honneur d'Honorée de Bovis et d'André Faucher, neveu de notre religieux :

Pangite hymen pueri simul innuptæque puellæ,
Dicite io ter hymen, ô hymenæe hymen.
Diligit hanc unam, sibi quam Tritonia Pallas
Servavit ditem dotibus ipsa suis.
Huic dedit ingenium, sensus, animosque viriles,
Moribus exornans corda pudica bonis.
Artibus inde suis instruxit diva puellam
Otia ut impigro lenta labore fuget (2).

---

(1) Ad Ant. Gilbertum, de moribus mulierum malarum scilicet nam bonas nemo bonus insectatus jure fuerit. — Barral, pag. 427.

(2) Barral, pag. 404

Dans l'autre, Faucher célébrait l'union de René Grimaldi et d'Iolande de Villeneuve, jeunes époux plus remarquables encore par la vertu et la pureté des mœurs que par l'éclat de la beauté :

Ergo hymenæe veni, paphia quoque tempora myrtho
Cinctus ades, choreas gaudens initura juventus
Jamdudum expectat, gliscens et voce canora
Pangit hymen hymenæe veni, lux aurea fulget
Quæ votis optata diu nova gaudia mandat (1).

Je terminerai ces citations par quelques vers extraits d'une épître adressée à Jean Maynier baron d'Oppède, premier président au parlement de Provence; Faucher félicitait vivement ce magistrat sur son zèle à poursuivre les sectateurs de l'hérésie :

.... *Justitiâ populos solitus frænare superbos*
Togatus et jus dicere
Nunc hostes fidei dextra expugnare potenti
. *Agressus es viriliter.*
Unde triumphatis truculentis hostibus amplam
Victor tulisti gloriam.
Macte ergo ingenio, atque animi virtute, tuorum
Haud immemor natalium,
Extimulas animos, martisque ferocibus ausis
Turbam insolentem reprimis.

---

(2) Barral, pag. 445.

. . . .

Perge tam fœlix, pulsisque erroribus almam
Fidem labantem sustine,
Et tibi magna Deus persolvet prœmia, magnam
Tibi rependet gloriam (1).

V.

Il me reste à considérer Faucher comme historien provençal.

Sous ce rapport, il est auteur d'un ouvrage curieux demeuré manuscrit, intitulé : *Dionysii Faucherii monachi Lerinensis et civis Arelatensis annales provinciæ, manuscriptum.* Il est divisé en cinq livres et s'étend depuis les premières époques de notre histoire jusqu'à la retraite de Charles-Quint du sol de la Provence.

L'original de ces annales existait à Nîmes dans le cabinet de M. d'Aubais, bibliographe distingué (2) : La bibliothèque d'Aix en possède une fort belle copie provenant du fonds de M. de Méjanes. C'est un volume, petit in-folio, de 210 pages, relié en veau,

---

(1) Barral, pag. 440, 441.

(2) Bibliothèque historique de la France du P. Lelong, revue par Fevret de Fontette, tom. III, pag. 547.

écrit en entier par M. J.-F. Xavier du Molin, écuyer de la ville d'Arles, avec les armoiries de la famille du Molin collées sur la garde intérieure. Cette copie est enrichie d'observations historiques fort intéressantes par M. Claude Terrin[1], ancien conseiller au siège d'Arles, antiquaire distingué dont plusieurs dissertations sont insérées dans le Journal des Savants et les mémoires de Trévoux. Notre manuscrit contient encore la traduction française du premier livre des *Annales*, par M. Terrin, et c'est seulement à cette première partie que se rapportent les *observations*. Il est vraiment à regretter que la mort ou tout autre motif ait empêché M. Terrin de donner suite à un travail si heureusement commencé.

Je reviens à Faucher : lui-même nous apprend à quelle époque son œuvre a été terminée : « L'illustre cardinal du Bellay nous avait chargé, nous auteur de ces annales, du soin d'opérer de salutaires réformes au monastère de Tarascon... Après huit années de pénibles travaux et de peines infinies, nous sommes enfin arrivés heureusement au port, soutenus de la protection divine, à peu près vers le même temps où nous mettions la dernière main à ces annales (2)... »

---

(1) Catalogue *manuscrit* de livres provençaux, par l'abbé Dubreuil, tom. II, pag. 55 recto.

(2) Monastica disciplina in Tarasconensi longa ignavia et.... dejecta

Or, Faucher quitta en 1543 le monastère de Tarascon pour se retirer à Lérins ; nous pensons dès-lors qu'il faut placer à cette date la fin de son œuvre sur les Annales de Provence.

Quant aux sources où notre auteur a puisé ses divers matériaux, lui-même les indique dans sa préface :

« Je donne à la postérité l'histoire de cette province ; je l'ay extraite des archives du roy, des villes et des églises de ce pays ; j'ai fouillé dans celles d'Aix, d'Arles, de Marseille, d'Avignon, de Nice, d'Orange, des Baux, de Lérins, de Montmajour, etc., j'ai feuilleté des manuscrits d'une foy incontestable ; j'ai lu les anciens poëtes provençaux, et les historiens de France, d'Italie et d'Espagne, etc., je suis sûr que de justes censeurs ne m'accuseront jamais de précipitation dans la brieveté que je me suis imposée. — *Traduction de M. Terrin* (1).

Bellaii purpurati Lerinensis abbatis sancto jussu instaurata est ; hujus instaurationis cura ab eo cardinale horum annalium autori demendata.... post immensos octo annorum labores, post infinita incommoda aspirante cœlesti aura prospera navigatione ad portum provecti sumus, eodem pene tempore quo his annalibus ultimam manum imposuimus. *D. Faucherii*, *Annales provinciæ*, pag. 131.

(1) Hujus historiam ex tabulariis regiis municipalibus et ecclesiasticis Aquensibus, Arelatensibus, Massiliensibus, saltus, Lirinæ, etc., historiographis Gallis, Italis, Hispanis excerptam posteris trado, nec præcipitis brevitatis reus ab æquis judicibus fieri jure possum. — Annales provinciæ præmium.

Ce livre est dédié par son auteur au prince Claude de Savoye comte de Tende, gouverneur et sénéchal de Provence : « Je m'acquitte, grand prince, d'un juste devoir quand je dédie l'histoire de Provence à celui qui la gouverne. Vous avez une tendre amitié pour Arles qui est mon pays natal, et pour Lérins qui est ma patrie spirituelle, etc. (1). »

Faucher décrit avec exactitude ce qui a rapport à la circonscription territoriale, à l'administration du pays, aux guerres et autres principaux évènements dont il a été le théâtre; dans ces Annales, on ne trouve point de digression oiseuse, et l'auteur qui pècherait plutôt par trop de sécheresse a eu toutefois le bon esprit de se renfermer exclusivement dans son sujet. Ici encore un ordre judicieux est religieusement observé, le récit est fidèle et sincère, la diction généralement pure et dépouillée de cette affectation que l'on a si justement reprochée à quelques-uns de nos écrivains provençaux ; les faits s'enchaînent avec art, mais souvent leur exposition est dépourvue de critique ; enfin divers détails intéressants sur la langue et la poésie provençales, sur

(1) Illustrissimo principi Claudio Sabaudo Tendæ comiti provinciæ præfecto, etc., Dyonisius Faucherius S. — Provinciæ historiam provinciæ rectori jure et ex officio do, dedico, princeps fortissime!; tu enim Arelatis patriæ meæ mysticæ amantissimus. (Le mot Lerinæ est probablement oublié dans cette copie).

les cours d'amour, l'institution du parlement d'Aix, l'histoire ecclésiastique, etc., complètent à propos les narrations purement historiques. Faucher, nous n'en doutons pas, a dû faciliter plus d'une fois les divers auteurs qui ont écrit après lui sur le pays, mais ceux-ci, et il en est de même à toutes les époques, ne se sont pas toujours montrés assez soigneux de rendre à notre historien la justice qu'il méritait.

Je confirmerai par quelques brièves citations la généralité de ces assertions :

Au sujet des origines de notre pays, Faucher nous a conservé en le traduisant en latin (1), un extrait de la chronique de Galfredus (2), le premier historien de Provence, vivant peu après Charlemagne. Cette chronique écrite en prose provençale aurait été traduite dans le dixième siècle en vers provençaux, par Hugues Trobi, ce prétendu père de nos troubadours. Faucher a soin de nous prévenir qu'il ne voudrait pas cautionner la fidélité de Galfredus en toutes choses, et certes il était trop éclairé

---

(1) Annales provinciæ, pag. 2, 3, 4.

(2) Elle est ainsi mentionnée dans le Catalogue de Dubreuil, tom. 2, p. 55 recto : « Histoire du royaume de Ligurie qui s'étendait sur toute la côte de Ligurie jusqu'à l'embouchure du Rhône. » Le bibliographe provençal ajoute que cette histoire contient quantité de faits romanesques..... Qu'elle a été mise en latin par Denis Faucher, moine de Lérins. C'est sans doute d'un extrait seulement qu'a entendu parler l'abbé Dubreuil.

pour donner comme positifs des faits tels que ceux-ci : Les rois de Ligurie auraient régné pendant 3000 ans depuis leur établissement jusqu'à la venue du Christ ; la moindre défaite des ennemis de ce peuple aurait toujours été de 2 à 300,000 combattants ; un roi de Ligurie aurait battu 300,000 Cimbres ; renfermés dans une vallée, tous auraient péri jusqu'au dernier, par le fer, la peste ou la faim. De pareils récits ne méritent pas plus de confiance que la fable imaginée par divers chroniqueurs tels que Bongars, Robert Gaguin, Paul Emyle et Ronsard, dans sa franciade, alors qu'ils attribuent l'origine des Français à Francion ou Francus fils d'Hector. Cependant cet extrait de Galfredus renferme d'autres faits qui paraîtraient plus vraisemblables : Ainsi Solanus aurait régné le premier sur les Liguriens ; le premier il aurait réglé par des lois la religion de ce peuple adorateur du soleil ; le prince présidait à toutes les affaires religieuses et civiles ; élevé au trône par la voie d'élection il devait toujours être de la famille de Solanus pour laquelle les Liguriens professaient la plus grande vénération.

Faucher nous présente, toujours d'après Galfredus, la série de ces rois de Ligurie. Elle offre cette particularité que chacun d'eux aurait donné son nom aux diverses localités de l'ancienne Provence : Solanus tirant sa dénomination du soleil l'aurait donnée aux Apollinaires, Ligur à la Ligurie, Salius aux Salyens, Halicidius au port de Marseille qui autrefois était ainsi désigné, Sambracus au golfe de ce nom, aujourd'hui le golfe de Grimaud, Ricartus à la ville des Ricartins, Ernaginus à Ernaginum, aujourd'hui le Vernègue.

Faucher, suivi en cela par plusieurs écrivains venus après lui, n'expose peut-être pas avec une clarté suffisante ce qui a rapport à la fondation du royaume d'Arles et aux premiers comtes de Provence ; mais les évènements postérieurs sont classés avec ordre et méthode sous le règne qu'ils ont contribué à illustrer.

Ami sincère du pays, il déplore l'envahissement de la Provence par Evaric roi des Visigoths et la prise de possession que fit ce chef de barbares de la ville d'Arles dont notre historien fait l'éloge en ces termes :

« Evaric fixa sa cour et son séjour à Arles avec beaucoup de raison, non seulement parce qu'une situation naturellement forte, une abondance merveilleuse de tout ce que la société civile peut demander d'utile ou d'agréable, et une campagne d'une grande fertilité luy donnoit tous les avantages d'une ville royale, mais encore parce qu'étant sur les bords du Rhosne, voisine de la mer et frontière du royaume des Goths, il semble qu'elle estoit bâtie en cet endroit pour être la maitresse de toute la Gaule narbonnoise, lionnoise et aquitannique, etc. (1). » — *Traduction de Terrin.*

Arles et Lérins reviennent fréquemment sous la plume de notre religieux; ici il dépeint en termes simples et précis les invasions des Sarrasins dans sa chère île :

« Les pyrates Sarrasins affligent encore la province, ils ravagent la côte, l'isle et le monastère de Lérins; de cinq cents religieux qu'il y avoit alors, deux seulement nommez Columbus et Eleuterius craignant la mort se cachèrent dans une grotte, tous les autres avec leur abbé Porcaire souffrirent volontairement le martyre; Columbus quand on égorgeoit ses compagnons, sortit de sa grotte et vint se faire couronner du martyre, etc. (2). » — *Traduction de Terrin.*

Ailleurs, il recherche les origines de la ville d'Arles, il indique les divers conciles tenus en cette

(1) Arelate sedem fixit optima ratione non tantum propter regiæ urbis situm natura munitissimum et omnium rerum civili societati vel ad necessitatem, vel ad utilitatem vel ad delicias convenientium redundantem affluentiam, opimique agri insignem ubertatem; sed præsertim quia Rhodano assidens, mari proxima, etc.—*Annales Provinciæ*, p. 10.

(3) Sarraceni vero pyratæ plurima damna provinciæ intulerunt, oram maritimam et Lirinam vastaverunt, ex quingentis monachis duo tantum Columbus et Eleuterius mortis timore in specu latuerunt, cæteri omnes cum Porcario abbate martyrium subire voluerunt, etc. — *Annales Provinciæ*, p. 12.

cité au nombre de neuf, il donne la liste de ses podestats, de ses viguiers, etc. (1).

Habile à saisir dans chaque personnage remarquable de nos fastes les traits par lesquels il se recommande à notre attention, Faucher termine chaque règne des comtes des Provence par un jugement plein de sagesse sur le prince dont il a résumé l'histoire : je citerai seulement deux de ces portraits qui suffiront pour donner une idée des saines appréciations de notre religieux.

Il s'exprime en ces termes sur le roi Robert :

« On peut le placer au rang des meilleurs princes et il brilla par sa justice, sa piété, sa prudence et ses diverses connaissances. Versé suivant Pétrarque, dans les saintes écritures, fervent disciple de la philosophie, orateur distingué et habile naturaliste, il disait souvent qu'il aimerait mieux descendre du trône que de renoncer aux lettres. Il érigea divers temples et diverses chapelles ; il fonda des monastères à Naples, à Aix, à Marseille, à Jérusalem... Ami des savants, il aima et protégea Pétrarque, Boccace, etc. (2). »

---

(1) Ibid. pag. 13, 16, 19, 20, 28, 132.

(2) Inter optimos principes numerandus, justitia, prudentia, pietate, liberalitate, doctrina conspicuus. Petrarcha refert eum fuisse sacrarum scripturarum peritissimum, philosophiæ clarissimum alumnum,

Et sur le roi René.

« Ce fut réellement un bon prince et le peuple lui donna cette qualification, moins à cause de sa réserve dans l'établissement des impôts que pour avoir surpassé tous les souverains par sa douceur, son humanité et sa bienveillance ; il aima la justice, fut brave soldat, mais comme chef il manquait d'habileté ; incapable d'exécution, il employait son temps à la peinture et à d'autres futilités ; hors d'état de se conduire dans les circonstances difficiles, il fut néanmoins l'idole de son peuple, etc. (1). »

Simple narrateur des évènements, Faucher les expose avec fidélité et dans tous leurs détails, quoique on fût bien aise de trouver un peu plus de critique. Je prends pour exemple les guerres de Raymond de Turenne; notre auteur indique le motif des dévastations de ce prince en Provence, il dit les plaintes pressantes et réitérées des provençaux auprès de Louis second, il mentionne les troupes qui

---

oratorem egregium, incredibilem physicum................. Multa templa extruxit...... Monasteria fundavit Neapoli, Aquis Sextiis, Massiliæ, Hierosolymis. etc. — *Annales Provinciæ*, pag. 56.

(1) Bonus sane princeps, sicque à populo vocatus, non tantum propter moderationem in tributis imponendis, sed quod omnes reges comitate, mansuetudine, humanitate, benignitate et clementia anteiret, justus et justitiam colens, miles egregius, dux imperitus ; rebus agendis impar, nugis et pictura tempus terebat, etc. — *Annales Provinciæ*, pag. 110.

furent dirigées contre Raimond, la trève qui fut conclue, et à l'expiration de laquelle les spoliations de Raymond de Turenne s'exercèrent avec encore plus de fureur ; enfin il rend compte de la vive résistance que lui opposèrent les premiers citoyens de la ville d'Arles, du combat qui eut lieu sous les murs de Tarascon et de la défaite de Turenne qui se noya dans le Rhône : « Ainsi, dit-il, celui qui tant de fois avait surchargé ce fleuve d'un butin illégitime, devint lui-même la proye du Rhône, et après avoir incendié tant de villes, tant de maisons et tant de châteaux, il périt au milieu des flots, expiant ses crimes non par la peine du talion mais par une peine entièrement opposée (1). Une ancienne chronique provençale de la fin du quatorzième siècle relate et les guerres et la mort de Raymond de Turenne. Faucher ne la mentionne pas, mais son récit est conforme sur divers points à cette même chronique (2). »

---

(1) Tandem qui Rhodanum toties injusta præda oneraverat, illius præda factus est, quippe tot urbes, tot oppida, tot villas incenderat aquis summersus est, non talionis, sed pœna contraria crimina eluens. — *Annales Provinciæ*, pag. 90. v. pag. 85, 86, 87, 88, 89.

(2) Discours das troubles que fouron en Prouvense dal temps de Loys segond dal nom, filz de Loys premier, reys de Sicille et comtes de Prouvense, par aquel Reymond Rougier dict de Thouraine, surnoumat lou viscomte de Thouraine, et Alienor de Cominges, sa maire, en l'annado 1389. — Bibliothèque Méjanes. Mss. 794 et 1011.

Le texte de Faucher est suivi dans notre manuscrit de quelques détails bibliographiques et fragments de lettres, la plupart non mentionnés dans Barral. J'indiquerai entr'autres :

Une épître aux religieuses de Tarascon, dans laquelle Faucher relate sommairement les principales circonstances de sa vie ; il dit en terminant : « J'attends enfin dans cette retraite de Lérins la dissolution de la chair, craignant tout de moi-même, mais plein de confiance dans le Christ, tremblant pour mes péchés mais plaçant mon espoir dans le sang du sauveur... »

Une lettre à Gaspard Garde, baron de Vins. Faucher y expose brièvement les diverses occupations des religieuses de Tarascon.

Plusieurs autres lettres fort courtes dans lesquelles Faucher mentionne surtout ses travaux concernant l'histoire de Provence (1).

Les Annales de Faucher ont fait le sujet d'une discussion littéraire que je crois devoir rappeler en peu de mots. C'est par là que je terminerai ces études :

Quelques auteurs ont voulu contester l'authenticité de l'ouvrage de Faucher, d'autres ont pensé

(1) Annales Provinciæ, pag. 138 à 142.

que l'original des *Annales de Provence* avait été altéré et entièrement défiguré.

On lit dans le P. Lelong :

« L'on convient parmi nos curieux (dit M. de Mazaugues dans un mémoire manuscrit), que l'original de ces Annales a été altéré et entièrement défiguré. Il y a deux opinions là-dessus. Les uns veulent que le véritable original a été supprimé, et qu'on en a substitué un autre, auquel on a donné un air de vétusté par des ratures et autres marques, et qu'on y a fourré le nom de certaines familles modernes qu'on y trouve à toutes les pages. Les autres vont plus loin, et prétendent que tout est supposé, et que le moine Faucher n'avoit point composé d'histoire. Ce qui rend ce sentiment fort probable, est que dans le catalogue de ses ouvrages, inséré par Barral dans la chronique de Lérins, il n'y est fait aucune mention de ses Annales, qui étoient trop considérables pour y avoir été oubliées (1). »

Les auteurs du Dictionnaire des hommes illustres de Provence, au mot *Faucher*, adoptent cette dernière opinion ; ils ajoutent, après l'avoir rapportée : « Faucher lui-même ne parle *de ce travail* dans aucun de ses autres ouvrages ni dans ses lettres qui

---

(1) Tom. III, pag. 547.

sont en assez grand nombre. D'après ce jugement nous croyons devoir rayer ces Annales du catalogue des productions de Faucher. »

L'historien Ruffi (1) admet implicitement l'authenticité de l'œuvre de Faucher, mais avec des altérations postérieures. Il s'agit dans le passage de Ruffi de la délivrance de Charles second, prisonnier à Barcelonne, à condition qu'il donnerait en ôtages trois de ses fils avec 76 gentilshommes provençaux. L'historien de Marseille donne les noms de ces généreux citoyens, puis il ajoute : « Voilà la véritable liste des gentilshommes de Provence qui furent donnés en ôtage pour délivrer Charles d'Anjou. Celle qui parut l'an 1677 dans un ouvrage qui a pour titres *Tables contenant les noms des provençaux illustres par leurs actions*, etc., est entièrement supposée. Elle a été tirée de l'histoire manuscrite de Provence de dom Denis Faucher, religieux dans le monastère de Lérins, dont l'original fut empoisonné, il y a environ quarante ans presque à toutes les pages ; de sorte que les curieux rejettent tout-à-fait cette copie (2). »

---

(1) Histoire de la ville de Marseille, contenant etc., seconde édition, tom. 1, pag. 153.

(2) Je trouve dans nos annales de Faucher quelques lignes intitulées Critique de ce manuscrit. On y relate cette opinion de Ruffi, puis on ajoute :

Scholastique Pitton, dans un de ses meilleurs ouvrages, diffère tout-à-fait d'opinion avec les auteurs qui précèdent ; après avoir raconté en peu de mots les principaux évènements de la vie de Faucher, il ajoute ces paroles : « Quoyque ses occupations extraordinaires, luy dérobassent bien du temps, après en avoir donné la plus grande partie à la prière, il passoit le reste à l'étude des belles-lettres, et ainsi nous lui sommes redevables de tant de choses qu'il nous a apprises dans ses écrits, auxquels il a voulu donner le titre d'Annales, qui y convient mieux que celuy d'histoire, parce que son discours y est serré et concis, et celuy de l'histoire doit être orné et diffus (1). »

Enfin l'abbé Robert de Brianson (2) dit que la famille Faucher est célèbre par le mérite de Denis Faucher, religieux de l'abbaye de Lérins, qui a fait

---

« Il y a soixante et seize otages dans Ruffi, et point de Cormis, il n'y en a que cinquante dans Denis Faucher et entr'autres Petrus et Rostanus Ruffi Decormii. On accuse M. le président de Cormis, dernier mort, d'avoir fait cette altération, pour faire valoir sa maison et son nom. Il emprunta, dit-on, l'original du vieux lieutenant particulier de Faucher, le fit transcrire avec plusieurs altérations et le rendit ainsi altéré et supprima l'original. En effet depuis Charles Ier d'Anjou on y voit le nom de Cormis presque à toutes les pages. Pour rectifier ce manuscrit il ne faut qu'oter les de Cormis partout où ils sont fourrez, ce qui n'est que depuis Charles d'Anjou Ier, pag. 143.

(1) Sentimens sur les historiens de Provence, Aix, Ch. David, 1682, in-12, pag. 36.

(2) État de la Provence dans sa noblesse, tom. II, page 53.

une histoire à laquelle il donne le titre d'Annales du pays, et composé d'autres ouvrages, etc.

Au milieu de cette diversité de sentiments, notre opinion n'a pu être longtemps douteuse.

Prétendre, comme l'ont fait le P. Lelong et le dictionnaire d'Achard, que Faucher est absolument étranger aux Annales de Provence qui portent son nom, et cela par cet unique motif que Barral ne les mentionne point, et que Faucher ne parle pas lui-même de cette œuvre dans sa correspondance, c'est au moyen de raisons bien spécieuses, dépouiller notre religieux de son principal titre littéraire.

Et quel motif plausible aurait eu un auteur anonyme de mettre sur le compte de Faucher, l'ouvrage qu'il aurait lui-même rédigé, quel serait cet écrivain mystérieux, à quelle époque, dans quelle localité aurait-il vécu, à quelle occasion aurait-il composé les *Annales* ?

S'agirait-il ici d'une de ces productions qu'un littérateur habile prétend exhumer d'une époque antérieure à lui, comme Chatterton mettant au jour les manuscrits du moine Rowley, comme le marquis de Surville reproduisant les poésies de Clotilde, peut-être encore comme Smitt et Macpherson, se jouant avec esprit du monde savant, par l'ingénieuse invention des poëmes galliques du fils de Fingal ?

Dom Barral ne mentionne pas ces Annales parmi les ouvrages de Faucher, d'où la conséquence que Faucher n'en est point l'auteur : ce raisonnement qu'on trouve dans le P. Lelong n'est rien moins que concluant... Je me trompe, il faut en tirer cette conclusion que Barral n'a pas eu connaissance du manuscrit de Faucher.

Qu'on veuille le remarquer, il n'est pas ici question de la rédaction d'un ouvrage appartenant à un genre de connaissances auquel notre religieux dût paraître étranger ; il y a plus, en lisant attentivement les *Annales* on acquiert encore mieux la conviction que Faucher seul a pu en être le véritable auteur.

En effet, les souvenirs d'Arles et de Lérins se multiplient en quelque sorte sous la plume de notre historien, il précise lui-même à quelle époque il a terminé son œuvre, il dit que ces Annales sont déposées dans la bibliothèque de Lérins avec d'autres ouvrages légers dont il est pareillement l'auteur (1), dèslors tant qu'on ne précisera pas au juste un tout autre auteur que Faucher il doit être permis de considérer les Annales de Provence comme étant l'œuvre de ce religieux.

Mais, et c'est ici l'objection des rédacteurs du

---

(1) Interque et horum annalium autoris nugamenta inserta sunt. *Annales Provinciæ*, pag. 79

dictionnaire connu sous le nom d'Achard, Faucher ne dit nulle part dans ses lettres, qu'il est l'auteur des Annales.

Cet argument au premier aperçu ne semble pas avoir plus de consistance que celui du P. Lelong ; il est en outre inexact de dire que rien ne dénote dans la correspondance de Faucher qu'il ait lui-même rédigé les Annales en question.

Dans une lettre adressée par notre religieux à Cortèse, il lui parle longuement de l'expédition de Charles de Bourbon en Provence, il mentionne les noms de ses principaux officiers et le nombre de ses troupes, il retrace l'itinéraire de ce prince, il raconte son entrée à Aix, le jour des calendes d'octobre, enfin il énumère les principaux gentilshommes de la capitale de Provence qui opposèrent une vive résistance à Charles de Bourbon, tels que les Matheron, les Séguiran, les Coriolis, les d'Escalis, les Duchesne, les Tressemane, les Gantelme, etc. (1).

---

(1) Cette lettre est relatée avec quelques lacunes dans Pitton, Histoire de la ville d'Aix, pag. 601. . . . Si tibi nefandum ducis Borbonii bellum, contra regem suum. . . . Litteris meis significarem. Impius ille in patriam et proprium sanguinem cum Pescario legato et mille cataphractis, mille levioris armaturæ militibus, et sexdecim millibus peditum, Alpes ad Tendam transit. . . . . . Gardanam accessit et sine mora Aquensibus per Tibicinem deditionem imperavit . . . . Nullus regius exercitus illum remoratus est. Finitimi tantum nobiles præsto in armis adfuere, cum mille peditibus tumultuario collectis. . . . . . Plurimi etiam ex Aquensi nobilitate, etc.

Eh bien ! on trouve précisément tous ces détails avec plus de développements, il est vrai, mais souvent avec les mêmes phrases, dans le cinquième livre des Annales de Provence, aux pages 118, 119, 120, 121.

Maintenant que le manuscrit de Faucher soit arrivé jusqu'à nous sans la moindre altération, c'est ce que je suis bien éloigné de vouloir soutenir ; dans plusieurs passages de son livre, Faucher se plaît à donner la liste des citoyens notables ou des gentilshommes qui ont occupé un rôle dans quelque évènement important. Ici, sont énumérés les principaux chefs de la ligue dite, l'*Union d'Aix*, formée contre Louis second (1), là, ce sont les citoyens d'Arles et de Marseille qui se joignirent au duc de Calabre, fils du roi René, alors qu'il voulait tenter de recouvrer ses états (2), ailleurs sont reproduits les noms de tous les barons qui s'offrirent pour accompagner Charles III, le dernier de nos comtes, dans sa tentative sur le royaume de Naples (3). Si par une vanité déplacée, des personnes intéressées *à faire valoir leur maison*, ont substitué ou ajouté divers noms à ceux relatés par notre religieux, en transcrivant

(1) Annales Provinciæ, pag. 81.
(2) Annales Provinciæ, pag. 107.
(3) Annales Provinciæ, pag. 116.

l'original, nous admettrons ce fait s'il le faut, mais de telles altérations ne porteraient que sur des points fort accessoires à l'ouvrage de Faucher ; elles ne pourraient pas surtout enlever à notre religieux un des plus beaux fleurons de sa couronne littéraire.

www.ingramcontent.com/pod-product-compliance
Ingram Content Group UK Ltd.
Pitfield, Milton Keynes, MK11 3LW, UK
UKHW020351180726
13839UKWH00003B/1030